昭和30年代～50年代の地方私鉄を歩く 第17巻

北陸の電車たち(3)

福井県の私鉄

京福電気鉄道福井支社、福井鉄道

髙井薫平 編・著

【急行電車】ちょうど車体色が切り替わる時期の撮影、新塗装化された元池上電鉄デハ100形のホデハ301形２連が、三国芦原電鉄引継ぎのホデハ11形と編成を組み、福井口駅へ入線する。池上電鉄の車両は制御器が異なるので、従来の京福電鉄の電車と組む場合は、ホデハ11はクハ代用として運用された。◎新福井　昭和47(1972)年７月　撮影：後藤文男

Contents

【福井鉄道 モハ200形】
雪に覆われた三十八社駅に、福井鉄道のエースモハ200
形が入線。後方の逆U字型の構造物は、分岐器が雪に
覆われることを防ぐ目的で設置され、現在も残ってい
る。
◎三十八社　昭和58（1983）年1月　撮影：田中義人

まえがき

　第8回配本「第17巻北陸の電車たち3」として「福井県の私鉄」をお届けいたします。今回お届けするのは、福井県の京福電気鉄道福井支社福井鉄道の二つの鉄道です。

　東京に住んでいるぼくにとって当時の福井は意外に行きにくい地域でした。北陸3県のうち富山、石川の両県には上野から汽車に乗るというのが当たり前のようでした。上越経由、信越本線経由の列車が馴染んでいたように思います。東京と福井を結ぶ直通列車は東海道本線経由、米原回りの後の急行「能登」（東海道本線・北陸本線経由で東京〜金沢を結んでいた時代）1列車だけでした。確か高校2年生の修学旅行（昭和29年）も米原経由で列車の向きが変わってから目が覚めたのを覚えています。

　福井鉄道は3つの鉄道が合併したものですが、戦前から福井市内に乗り入れ、新しい技術投入に積極的で、最近全国的に復権しつつある新しい路面電車システムの先駆になりました。また、　京福電気鉄道福井支社は電力会社の子会社というのも面白い経営体制でしたが、これは地方の電気鉄道の多くが配電会社と関連が強かった時代の名残です。この会社はのちに不幸な衝突事故により経営存続の危機に立たされますが、このことについても少し触れることにいたしました。

　また、本巻から絵葉書の掲載の充実や、国際日本文化研究センターが保有する「吉田初三郎式鳥瞰図」による鉄道沿線絵図の紹介など新しい企画を組み込みました。さらに趣味の諸先輩の力をお借りして、その時々、その鉄道に起きたエピソードやできごとなどを、少し大きめのコラムの形でご披露することにいたしました。

　なお巻末にある車両諸元表の作成は作成者の亀井秀夫さんを中心に膨大な資料の読み込みが必要ですが、将来に残る仕事として継続してまいります。どうぞ、ご期待ください。

高井薫平

福井市内を走る元静岡鉄道の福井鉄道モハ303-2＋モハ303-1。◎市役所前　平成3（1991）年9月　撮影：梶山正文

1章
カラーフィルムで記録された
福井県の私鉄
京福電気鉄道福井支社・えちぜん鉄道、福井鉄道

【福井鉄道三十八社駅】雪が舞う三十八社駅で、福武線エースモハ200形と武生新行きのモハ20形が離合する。
◎三十八社　昭和58(1983)年1月　撮影：田中義人

京福電気鉄道福井支社

【ホデハ11形(16)】三国芦原電鉄引継ぎのホデハ16が三国駅を後にする。この時期は、後のツートンカラーとは異なり、アイボリーに紺色の塗装で、あたりの風景も、電車の車体も似ているので上田丸子電鉄別所線のようにも見える。
◎三国　昭和42(1967)年5月　撮影：荻原二郎

【ホデハ11形(18)】当初、楕円型だった戸袋の窓はふさがれているが、上田丸子のモハ5250によく似ている。
◎福井口　昭和39(1964)年5月　撮影：荻原二郎

【ホデハ251形（253）更新前】
晩年はHゴム化等でスタイルが崩れてしまったホデハ251形（モ253)だが、この時期は原型の美しい姿を見せていた。塗装は、湘南電車モハ80系クハ86形を端として一時期全国の鉄道で見られた塗分け「金太郎塗」であるが、京福電気鉄道ではホデハ241、251形の2形式だけが金太郎塗りであった。
◎福井口
昭和48（1973）年3月
撮影：西川和夫

【東古市】
永平寺線と分岐する東古市に、京王帝都からやってきたホデハ261を先頭にした2連が入線する。永平寺線の線路は右側に分岐していくが、一番右は永平寺線のラッシュ時に使用する2連が夕方まで留置されている。
◎東古市
昭和48（1973）年3月
撮影：西川和夫

【永平寺線を走るモハ241＋モハ242】
種車は京都の叡山線の車両で、京福電気鉄道発足時に福井入りした。戦後車体を新造しスタイルを一新、スマートな車体に生まれ変わった。パンタ側が非貫通、非パンタ側が貫通式となり、貫通側を編成内側に向けた背合わせ状態の2連でよく運行された。
◎京善付近
昭和53（1983）年3月
撮影：志村総司

【人気の消えた永平寺駅】
永平寺駅で折り返しのため待機するモハ241形。時期によっては多くの参詣者でごった返すが、普段はひっそりとしていた。
◎永平寺
昭和48（1983）年3月
撮影：西川和夫

【雪の勝山駅】
越前本線の終点となった勝山駅で折り返しのため待機するモハ253。晩年は永平寺線の折り返し運用に専ら就いていたが、この頃はまだ本線にも充当されていた。現在は観光地化されて小奇麗になっているが、後ろに見える大阪特殊合金の工場は今も健在である。
◎勝山
昭和62（1987）年2月
撮影：浅野修

【モハ281形（282）】東急目蒲線からやってきたモハ281形。全車モハだが、このように片方のパンタグラフを下して運行することもあった。現在は背景に見える山にハイキングロード「バンビロード」が開通し、そこからえちぜん鉄道の電車も俯瞰することが出来る、ちょっとした撮影スポットになっている。◎比島〜勝山　昭和61（1986）年5月　撮影：志村聡司

【モハ281形（284）】
モハ284は、東急時代はデハ
3306で３両編成化の際前面が貫
通化され２両目に封じ込められ
ていた。京福にやってきて初め
て貫通方の顔が先頭に立つこと
になった。
◎比島
昭和58（1983）年３月
撮影：志村聡司

【モハ271形（273+271）】
小田急電鉄開業時から使用され
たモハ１形で、相模鉄道に転属
後、戦後、福井にやってきた。
京福に譲渡された３両は相鉄時
代では固定編成を組んでおり、
両端の車両は片運転台化されて
いる。またそのうち１両は相鉄
時代に窓の２段化改造を受けて
いた。
◎勝山～比島
昭和61（1986）年５月
撮影：志村総司

【ホデハ300形（303）】
正面中央窓がHゴム支持、客用
扉も鉄製に変えられている。
◎芦原湯町
昭和53（1978）年３月
撮影：志村聡司

【モハ1101形（1102）】
運輸省規格型電車のホデハ1001形の車体を、阪神5101形に載せ替えたモハ1101形。阪神時代は乗降扉が3か所あったが、中央の扉を埋めて2扉化している。後に他社で発生した機器を流用して冷房化され、酷暑の夏には非冷房のモハ251形に代わって永平寺線にも入線した。
◎東古市
平成13（2001）年5月
撮影：田中信吾

【モハ2116（恐竜電車塗装）】
2000年7月、勝山市に完成したわが国屈指の恐竜博物館のPR塗装を施したモハ2100形、恐竜博物館はその後のえちぜん鉄道でも重要な沿線の観光施設として、現在専用の新しい恐竜電車を計画中である。
◎福井口
平成13（2001）年5月
撮影：田中信吾

【モハ2101形（2102）】
元南海のモハ2001形の足回りを使って阪神から来た車体と組み合わせて登場した。その際、阪神時代の中ドアを埋めて、2扉車になった。
◎三国
平成13（2001）年5月
撮影：田中信吾

【2101形（2105）】三国港で発車を待つ。丸いヘッドマークは「大人が変われば子供も変わる運動」の標語。方向板にはワンマン車と表示。◎三国港　平成13（2001）年 5 月　撮影：田中信吾

【両運転台化改造されたモハ2111が越前本線を行く】越前本線も単行運用で間に合うほど旅客が減ってしまっていた。背景は、越前本線がほぼ並行する九頭竜川で、その後ろに見える山の麓の勝山市には恐竜博物館が開設されている。
◎小舟渡　平成 7 （1995）年 2 月　撮影：西川和夫

【豪雪の中を行く
モハ2006＋モハ2005】
堅牢な印象の強い、戦前の南海
電車のスタイルを残していた。
車体老朽化のため、翌年から阪
神5231形の車体に載せ替える更
新工事が始まった。
◎保田～小舟渡
昭和58（1983）年1月
撮影：田中義人

【福井口の車庫に佇む、
京福時代末期の電車たち】
右から、京福近代化の嚆矢となった
元南海モハ11001形のモハ3007。ワ
ンマン化対応のため、運転席のすぐ
後ろに乗降口を移設する改造がさ
れた。その左は、阪神5101形の車体
に載せ替えられたモハ1101、さらに
左はモハ3005。左は元阪神の車体
流用車モハ2107。
◎福井口　平成13（2001）年5月
撮影：田中信吾

【自社改造で非貫通式になった
モハ3007】
モハ3001形のうちのモハ3008と
ともに貫通式だったが正面2枚
窓の非貫通式に改造、ただし傾
斜は付けなかったので他とスタ
イルは異なる。ワンマン運転の
ため、客用扉を乗務員室のすぐ
後ろに移設、窓配置が大幅に変
わった。◎福井口
平成13（2001）年5月
撮影：田中信吾

【モハ3005とモハ1101】かつての京福電鉄最後の主力車両で元南海と元阪神の車両だ。南海モハ11013改めモハ3005はワンマン対応で客用扉が最前部に移設され、南海時代の美しさは失われていた。◎福井口　平成13（2001）年5月　撮影：田中信吾

【まだ中間駅だった勝山駅】2両の電車に加えて、電気機関車テキ522とYゲルを上げた構内の貨車入換用機関車デワ8の姿も見える。まだまだ貨物輸送も盛んだったころの一コマ。◎勝山　昭和48（1973）年3月　撮影：西川和夫

【九頭竜川沿いを走るホデハ18】
九頭竜川を背に福井へ向かうのは、三国芦原電鉄引継ぎのホデハ18。三国芦原電鉄出自の電車も特に運用を分けられることはなく、越前本線でも運用されていた。
◎小舟渡付近
昭和48（1973）年3月
撮影：西川和夫

【ホデハ1001形（1002）】
昭和23（1948）年の福井地震により生じた車両不足解消のため導入された運輸省規格型電車。同時期に製造されていた名鉄モ3800形によく似ている。既に戦後も久しいが、客用扉の窓は、大型ガラスが不足した時節によく見られた、十字状の格子が残っている。
◎福井口　昭和47（1972）年7月
撮影：後藤文男

【ホクハ31形（32）】
元阪神電鉄の車両で、前後に異なる主幹制御器を持つ制御車としていろいろな電動車の相手を務めた。
◎福井口
昭和47（1972）年7月
撮影：後藤文男

【モハ5001形（5001）】従来車両の老朽化対策として、平成11（1999）年に2両が登場したモハ5001形。厳しい財政事情のため、新製したのは車体のみで下回りや冷房機等は他社の廃車発生品を流用している。
◎ 福井口　平成13（2001）年5月　撮影：田中信吾

【モハ5001形（5002）】新しい時代の京福の顔となるはずが、正面衝突事故でこのモハ5002はわずか1年余りの生涯を閉じてしまい、えちぜん鉄道に引き継がれたのはモハ5001だけである。◎ 福井口　平成13（2001）年5月　撮影：田中信吾

【テキ511形（512）】国鉄信越本線の難所、碓氷峠の電化用としてドイツアルゲマイネ社から輸入したわが国初の電気機関車EC40形を2両譲り受け、テキ511形として使用した。国鉄時代に軽井沢方の運転台を撤去していたが、京福では両運転台式に復旧されるとともに、旧横川方のボンネットを取り外して切妻式となっていた。
◎新福井　昭和42（1967）年9月　撮影：荻原二郎

【テキ531形（531）】鉄道記念物として国鉄に戻ったテキ511の代替機として国鉄から譲渡された機関車。現在は仙石線となった元宮城電気鉄道買収機のED35形で、京福入線後、テキ531という形式をもらい、貨物営業廃止まで活躍した。
◎新福井　昭和50（1975）年8月　撮影：亀井秀夫

【テキ521形（521）】戦災と福井地震による機関車不足解消のため、2両が入線した。貨物営業時から除雪用機関車としても活躍しており、それが幸いしてえちぜん鉄道にも引き継がれML521形と形式名も新たに現在も健在だ。
◎福井口　平成13（2001）年5月　撮影：田中信吾

【スノープラウを取り付けたテキ521】
本線の除雪用機関車としてテキ521形が2両在籍していたが、1両が冬季には大きなスノープラウを取付けて除雪用として待機していた。
◎福井口　平成13（2001）年5月　撮影：田中信吾

【テキ6形（6）】形態は電動貨車然としているが、れっきとした電気機関車である。かつては同型車が何両も居たが、奇跡的にこのテキ6が生き残り、一時期は車籍復帰をして本線をイベント運行していた。えちぜん鉄道にも引き継がれたが、車籍を再び失ってしまい、勝山駅構内を時折保存運転されている。◎福井口　平成13（2001）年5月　撮影：田中信吾

えちぜん鉄道

【永平寺口における出発式】
長い休眠期間を経て、電車が帰ってきた。経営体がえちぜん鉄道となり塗装も新たになったモハ5001改めMC5001が多くの乗客が待つホームに滑り込む。
◎永平寺口
平成15（2003）年7月
撮影：田中義人

【MC7000形（7003）＋TC7000形（7004）】
JR東海の飯田線用として走っていた119系を譲受けたMC7000形。前面は、先行して入線した元愛知環状鉄道100形・200形改造のMC6001形にそっくりとなり、JR時代の面影はない。制御方式もVVVFインバータ制御方式に変更されている。北陸新幹線の工事が進んでいる。
◎福井
平成15（2003）年11月
撮影：髙井薫平

【福井における出発式】
◎平成15（2003）年7月
撮影：田中義人

【中間駅となってしまった東古市改め永平寺口】
一番右のホームが永平寺線の乗り場であったが、今では駅舎の前から出るバスが永平寺までを結ぶ。
◎永平寺口
平成15（2023）年7月
撮影：田中義人

【福井市内に乗り入れる「ki-bo」】
平成28（2016）年、福井鉄道と三国芦原線との相互直通運転開始に合わせて入線した低床LRT用車両。愛称は「ki-bo」。同型車は富山ライトレールのTRL0600形、熊本市交通局0800形があり、福井鉄道側の乗り入れ車両のF1000形「FUKURAM」と共通するところが多い。
◎福井城址大名町
令和4（2022）年5月
撮影：田中信吾

【三国芦原線の終点、三国港】
以前は、国鉄三国線時代の木造駅舎をそのまま使用していたが、それらの部材を再利用する形で平成22（2010）年に改築された。東尋坊観光の玄関口として、シーズンには多くの観光客でにぎわう。
◎三国港
令和3（2021）年11月
撮影：田中信吾

福井鉄道

【雪に覆われた、福武線終点の武生新】この写真が撮影された2年前までは、国鉄駅を挟んで左側には南越線起点の社武生駅があった。南越線のヌシでもあったモハ130形の姿も国鉄線側の留置線に見えるが、福武線で再起することはなかった。◎武生新　昭和58(1983)年1月　撮影：田中義人

【福井市内にて】武生新から来たモハ83＋クハ84は交差点を越えていったん市役所前電停に停車、スイッチバックして福井駅前に向かう。◎市役所前　昭和62(1987)年7月　撮影：佐野嘉春

【福井新橋（幸橋）を渡る】
モハ200形は冷房化と同時に、登場時の装いからクリームをベースに青帯の新塗装となった。軌道区間もセンターポール化され、背景もすっきりとした。
◎本町通り～市役所前
平成24（2012）年9月
撮影：高井薫平

【お里が違う同士仲良く】
出自が異なる電車同士が固定編成を組むことが多かった福井鉄道。このモハ140形（141-1＋141-2）の編成も手前の車両は元長野電鉄モハ300形、後ろの車両は元名鉄モ900形で、それぞれ元の職場の近代化に伴い福井にやってきた。扉位置の変更等大幅な改造を経ているので、オリジナルの面影はあまり残っていない。
◎西武生
平成13（2001）年5月
撮影：田中信吾

【工事中の福井新橋（幸橋）】
平成13（2001）年に架け替えが始まった幸橋を、先行して整備された軌道上をモハ81＋クハ81が行く。このあと道路橋部分も整備されて、今は普通の併用軌道に戻ってしまったので工事中の僅かな間だけ見られた貴重な一コマ。
◎足羽川鉄橋
平成17（2005）年6月
撮影：大賀寿郎

【80形の変身（モハ81＋クハ81）】
戦後生まれのスマートなスタイルをしているモハ80形は、出自を辿ると大正期に製造された南海電鉄の卵形木造電車。車体を載せ替えた後も制御装置の改善、カルダン駆動化、MT編成化、冷房化と時代に合った改造を施され、福武線低床化の日まで活躍した。
◎三十八社～鳥羽中
平成16（2004）年8月
撮影：隅田衷

【モハ121】
雪の三十八社駅で排雪モーターカーD101とすれ違うのは、モハ120形。元は福井鉄道戦後初の増備車で、運輸省規格型電車。
◎三十八社
昭和58（1983）年1月
撮影：田中義人

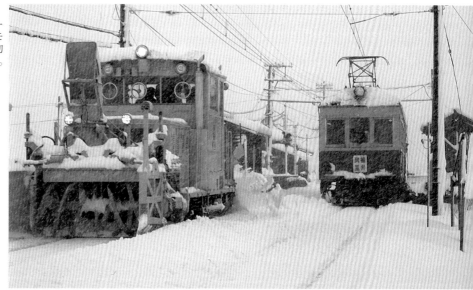

【登場当時の塗色に戻ったモハ200形（203-1、2）】
3編成あったモハ200形は、その後広告電車として様々な装いを纏ったが、名鉄岐阜市内線から低床電車が入線した頃に、201編成が在来車の標準塗装、202編成が低床電車と同じ塗装、そして203編成が登場時のリバイバル塗装となった。
◎三十八社～鳥羽中
平成25（2013）年5月
撮影：隅田衷

【モハ200形（203-1・203-2）】
一時期採用された福鉄標準色時
代の第3編成、モハ200形として
は2次車になる。
◎西武生
平成16（2004）年8月
撮影：隅田衷

【モハ200形
（202-1・202-2）】
携帯電話の広告電車。
◎市役所前
平成13（2001）年10月
撮影：亀井秀夫

【モハ200形（201-1・201-2）】
虹色に塗り分けられたド派手な
広告電車。
◎市役所前
平成13（2001）年10月
撮影：亀井秀夫

【モハ200形
（203-1・203-2）】
◎市役所前～本町通り
平成12（2000）年3月
撮影：亀井秀夫

【モハ300形（302-1＋301-2）】
福井鉄道の譲受車にもカルダン
駆動電車が来るようになった。
静岡鉄道自社工場製のモハ300
形で、老朽化が進む急行用モハ
200形の代替が目的だった。3
扉車だが車内をクロスシートに
改造、路上からの乗降用ステップ
は中扉にも設けられた。
◎福井駅前
昭和62（1987）年7月
撮影：佐野嘉春

【モハ300形（303-2＋303-1）】
モハ300形は入線に合わせて冷
房化と、急行用に使用するため
車内にクロスシートを装備し
た。その後、車体塗装を白地に
赤と緑の帯を巻いた新塗装に変
更したが、鋼板が薄い軽量車体
だったことが禍し、モハ200形
よりも早く廃車された。
◎家久～サンドーム西
平成13（2001）年3月
撮影：亀井秀夫

【福鉄名物U字型雪覆い】
福武線の行き違い駅に設けられ
たU字型の雪覆い、ほかの鉄道
で見た記憶はないが、ポイント
部分の降雪に備えて効果があり、現在も使用されている。
◎平成17（2005）年6月
撮影：大賀寿郎

【モハ600形（601）】
モハ600形は元名古屋地下鉄名城線の1100形、1200形を2扉・両運転台にした2両が入線し、当初は名古屋時代の黄色をベースとしたオリジナルカラーだったが、後に様々な塗装を纏うこととなったが、全線の低床化に伴い運用は激減し、現在は唯一残されたモハ602が時折イベント用として走るだけである。
◎越前武生
平成28（2016）年6月
撮影：田中信吾

【モハ610形（611）】
平成11（1999）年に、モハ600形に続いて入線したモハ610形は、同じく名古屋市営地下鉄名城線の1200形である。モハ600形と同様の改造を施され、2両連結運転で運行されたが全線の低床化に伴い運用は激減し。F1000形と入れ替わる形で廃車となった。
◎県庁前
平成14（2002）年9月
撮影：髙井薫平

【クハ610＋モハ610】
在来車の置換用として、名古屋市営地下鉄名城線の1200形が610形として平成11（1999）年に入線した。第三軌条方式を架線集電式に改造し、中扉を廃止し、2両固定編成で使用したが、低床車両の導入が意外に早く活躍の期間は短かった。
◎田原町
平成17（2005）年6月
撮影：大賀寿郎

【福井市内を走るモハ62】モハ60形は福武電気鉄道が福井市内軌道線の開業時にモハ20形として投入した車両。昭和23年下福井地震で被災し、復旧に際しモハ60形4両のうちこの車だけ窓が2段上昇式になっていた。
◎福井市内　昭和39（1964）年11月　撮影：荻原二郎

【初代140形】福井鉄道名物の前後で違う車両の2両編成だが、この140形はどちらも名鉄出身で、元モ700形がガソリンカー改造のク2000形を繋いでいる。福井鉄道の2両編成はMM編成が多い中、140形はM＋T編成だった。車籍を20頁のモハ140形に引き継ぎ、引退した。◎市役所前　昭和62（1987）年7月　撮影：佐野義春

【南越線唯一の鉄橋、日野川橋梁を渡るモハ111】出自は木造院電まで遡る。まだ非電化だった南越線に客車として入線し、戦後に車体鋼製化に合わせて電車化された。出力が大きく、南越線では機関車代用として貨物列車牽引もしたが、昭和51（1976）年に廃車となった。◎北府～村国　昭和48（1973）年3月　撮影：西川和夫

【村国の廃車体】南越線の村国駅では、モハ80形（81）の車体更新時に不要となった元南海電鉄木造車の旧車体が置かれ、廃線の日まで待合室として使用されていた。◎村国　昭和48（1973）年3月　撮影：西川和夫

【モハ130形（132）】これまで蓄積した設計技術によって自社の西武生工場で2両生まれたモハ130形は、廃線まで南越線で運用された。13mの小型電車で部分廃止後の南越線で唯一の電車だったが、すでに旅客需要が低迷していた南越線にはこれで十分だった。◎北村～五分市　昭和55（1980）年10月　撮影：佐野嘉春

【ハ1形（2）】南越線のモハ130形に牽引されるのは、吉野鉄道からやってきた木造客車ハ2。福武線は軌道区間があるため、専ら電車だけだったが、鯖浦線、南越線にはこのような客車タイプのトレーラーが配備され、混雑時間帯を中心に電車に牽引されて運行された。◎武生　昭和39（1964）年11月　撮影：荻原二郎

【ドイツのシュツットガルト市から
やってきたF10形「RETRAM」】
土佐電気鉄道が輸入したGT4型
を、譲り受けた。欧州の路面電
車ではよく見られるが一方向運
転のため、後ろには運転台が無
く、進行左側にはドアーが無い。
元は片運転台式だったが、土佐
電気鉄道で運転台付の車体を2
組繋げる改造を施した。後に福
井鉄道に移ったが非冷房である
ため、夏期等を除いたイベント
列車に用いられている。
◎令和4（2022）5月
撮影：田中信吾

【モハ560形（562）】
元北陸鉄道金沢市内線の2200形
で名鉄岐阜市内線を経て同一番
号で使用された。
◎市役所前〜福井駅前
平成13（2001）年11月
撮影：亀井秀夫

【わが国初のバッテリートラム】
モハ562は運用から外れたのち、
福井大学工学部の主催するバッ
テリートラムの実験に供され、
実験終了後金沢に里帰りした。
◎西武生
平成17（2005）年6月
撮影：大賀寿郎

【最初の超低床電車の試用
モ800形（803）】
名鉄美濃町線に投入した複電圧
の部分低床車、平成13（2001）年
福井市で行われたトランジット
モールの社会実験に参加したの
ち、最終的に２両が福井入りし
た。低床化後の福武線で再び
活躍を始めたが、中扉付近だけ
が低床の「部分低床車」だっ
たため、完全低床車のF1000形
「FUKURAM」が入線すると、
兄弟車が活躍する豊橋鉄道に再
譲渡された。
◎県庁前
平成19（2007）年９月
撮影：髙井薫平

【モ880形（886・887）】
名鉄美濃町線の複電圧車880形
を譲り受けた。福武線の低床化
により入線したが、すぐに入線
した770形とは異なり、1500V
用機器撤去等の改造に時間を要
し、入線は770形の翌年となっ
た。F1000形入線後の今も、主
力車両として活躍している。
◎市役所前
平成19（2007）年９月
撮影：髙井薫平

【モ770形（770・771）】
名古屋鉄道が岐阜市内線と揖斐
線の直通運転に使用するため投
入した冷房付きの連接車であっ
た。しかし岐阜市内線など岐阜
地域から鉄軌道が撤退すること
になって、福井入りし福井鉄道
全体の低床化に貢献した。
◎市役所前
平成28（2016）年10月
撮影：田中信吾

【21世紀の福武線の顔、モF1000形】
国産の３車体連接の完全低床電車
で、全部で４編成ありそれぞれ塗
装が異なる。福武線だけでなく、
平成28 (2016) 年から乗り入れが開
始されたえちぜん鉄道三国芦原線
の鷺塚針原駅まで運行されている。
◎市役所前
平成29 (2017) 年３月
撮影：髙井薫平

【えちぜん鉄道の乗り入れ車】
福武線と三国芦原線は相互直通
運転なので、三国芦原線からも
電車が乗り入れる。三国芦原線
の低床電車「ki-bo」が乗り入
れてきて、そのまま終点の越前
武生まで行く。
◎市役所前
平成29 (2017) 年６月
撮影：髙井薫平

【最新鋭F2000形】
斬新なデザインのF2000形が、
2023年４月に投入された。乗車
は中扉から、下車口は運転台の
すぐ後ろの扉１か所である。単
線だった福井駅停留所はJR福
井駅の方に少し伸びて駅前広場
の片隅に移転、２線になった。
◎福井駅
令和５ (2023) 年４月
撮影：寺田裕一

【デキ３】福井鉄道の３両の電気機関車のうち、最後に入ったこの機関車は現在も工場入れ換え用に残った。
◎西武生　平成12（2000）年３月　撮影：亀井秀夫

【デキ11】いろいろな歴史を刻んで今も除雪用として健在。
◎福井新　平成13（2001）年５月　撮影：田中信吾

【デキ11】大きなスノウプロウを付けて待機する。
◎福井新　平成12（2000）年３月　撮影：田中信吾

【ホサ２】保線用バララスト輸送用のホッパ貨車。
◎福井新　平成12（2000）年３月　撮影：亀井秀夫

【保線用DL】正式の車籍を持たない保線用ディーゼル機関車。◎西武生　平成12（2000）年３月　撮影：田中信吾

保存車両

【京福電気鉄道テキ6】
大正8（1920）年製造のテキ6は、同型車が姿を消し、車籍
抹消後も福井口構内の入換用として稼働していた。京福
電鉄末期の平成11（1999）年にマスコット的存在が注目さ
れ車籍を回復したものの、えちぜん鉄道では再び車籍を
失った。しかし、その存在価値は認められ勝山駅構内の専
用の線路上を時々展示走行されている。
◎平成23（2011）年9月　撮影：山田信一

【鉄道記念物10000形】
京福電鉄から国鉄に買い戻されたテキ511は、大宮工場で原
型に戻す改造がなされ、形式名もオリジナルの10000に戻さ
れた。鉄道記念物の指定を受けて、軽井沢駅近くの旧駅舎を
利用した記念館の中で大切に今も保管されている。
◎軽井沢駅前　令和4（2022）年9月　撮影：髙井薫平

【福井鉄道モハ160形（161-1）】 連接車として活躍したモハ161-1、廃車後個人に引き取られ南越線村国駅跡に保存されてい
る。ほかにモハ122がやはり越前市赤谷町の個人宅に引き取られている。
◎越前市村国　平成12（2000）年3月　撮影：亀井秀夫

乗車券・記念乗車券 (所蔵・解説 堀川正弘)

京福電気鉄道

発駅・日付ゴム印の軟券ですが、永平寺駅発行なのですから「東古市経由」の記載は不要な感じがします。

区間制の軟券です。

硬券の常備券です。田原町発行の券は「福」の字が旧字体です。

昭和40年代末頃からの金額式は、社名ではなく「京福電車」の表示が入るようになりました。

やはり発行時に非常にやりにくいの（底の位置で綴じてあるので入鋏時には90度回さないと入鋏しにくい）で、通常タイプに変更されたようです。「毎度御乗車有難うございます」の表示が入るようになりました。

車内補充券です。金津からの永平寺線・丸岡線が健在の頃の券です。経由欄が沢山あるのが、鉄道全盛時を物語っています。

福井鉄道

発駅・日付ゴム印の軟券で鉄道線発なのに区間制・金額式です。

同じく発駅・日付ゴム印式ですが硬券です。市内線発なのに着駅・金額指定です。硬券ですので、発駅も印刷して常備券とし、日付印字器(通称ダッチングマシーン)で印字すればよいと思うのですが、同運賃の原版の種類を減らすためでしょうか?

福鉄電車 No 08798 車内乗車券				
発売日	1 2 3 4 5 6 7 8 9 10 11 12 13 14 15 16 17 18 19 20 21 22 23 24 25 26 27 28 29 30 31			
発駅	着	発駅	着	運賃
(社)武生		武生新		20
福武口		西武生		30
北府		家久		40
村国		上鯖江		50
塚町		西鯖江		60
北村		下鯖江		70
五分市		水落		80
粟田部		神明		90
越前平井		鳥羽中		100
川去		三十八社		110
西田中		浅水		120
佐々生		江端		130
陶の谷		花堂		140
樫津		福井新		150
下江波		市内(停)		160
江波		福井駅前		170
矢倉		田原町		180
織田				190
小児		市内均一		200
割引		荷物80		220

通用当日限り　下車前途無効
毎度ご乗車ありがとうございます

車内補充券です。南越線戸ノ口廃止後です。「市内均一」欄が有るのも軌道線区間を有する福井鉄道ならではです。

2枚とも鯖浦線の往復常備券です。通常、往復券は、復片の地紋は西田中発の券のように色が濃くなるのですが、織田発の券は地紋の色が均一です。

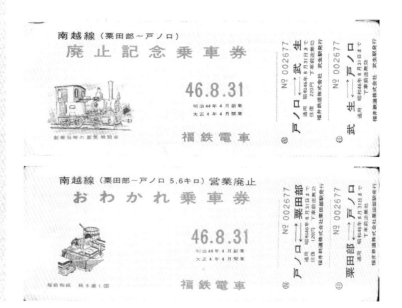

南越線区間廃止時の記念乗車券です。越前和紙が使われていますので、フチが綺麗な直線では有りません。

本書に登場する鉄道の駅名一覧

（駅名は廃止直前の状況、日付は開業年月日、左側の数字の単位はkm）
（貨）→貨物専用駅　（信）→信号場・信号所　（臨）→臨時駅

〔京福電気鉄道の廃止線〕

【京福電鉄 丸岡線】
軌間762mm→1067mm/蒸気→600V
西長田～本丸岡 7.5km　昭和43（1968）年7月10日全廃

km	駅名	読み	開業
0.0	西長田	にしながた	昭和6（1931）年6月22日
1.8	東長田	ひがしながた	昭和6（1931）年6月22日
3.3	丸岡	まるおか	大正4（1915）年6月22日
4.4	新福島	しんふくしま	大正4（1915）年6月22日
5.8	舟寄	ふなよせ	大正4（1915）年6月22日
6.7	一本田	いっぽんでん	大正4（1915）年6月22日
7.5	本丸岡	ほんまるおか	大正4（1915）年6月22日

【京福電鉄 越前本線】
軌間1067mm/直流600V
勝山～京福大野 8.5km　昭和49（1974）年8月13日廃止

km	駅名	読み	開業
0.0	勝山	かつやま	大正3（1914）年3月11日
1.5	大袋	おおぶくろ	大正3（1914）年4月10日
2.7	嵶崎	ほうき	大正7（1918）年9月1日
4.3	下荒井六呂師口	しもあらいろくろしぐち	大正3（1914）年4月10日
5.7	新在家（貨）	しんざいけ	大正9（1920）年10月10日
6.6	中津川	なかつがわ	大正10（1921）年12月1日
8.2	大野口（貨）	おおのぐち	大正3（1914）年4月10日
8.5	京福大野	けいふくおおの	大正7（1918）年9月1日

【京福電鉄 永平寺線】
軌間1067mm/直流600V
金津～永平寺 24.6km　平成14（2002）年10月21日全廃

km	駅名	読み	開業
0.0	金津	かなづ	昭和4（1929）年8月14日
1.0	菅野	すがの	昭和4（1929）年8月14日
2.7	伊井	いい	昭和4（1929）年8月14日
3.5	御簾ノ尾	みすのお	昭和4（1929）年8月14日
4.3	坪江	つぼえ	昭和4（1929）年8月14日
5.6	瓜生	うりう	昭和4（1929）年8月14日
6.8	乗兼	のりかね	昭和4（1929）年8月14日
8.0	長畝	のうね	昭和4（1929）年8月14日
9.2	丸岡口	まるおかぐち	昭和4（1929）年8月14日
9.9	本丸岡	ほんまるおか	昭和4（1929）年8月14日
10.6	西瓜屋	にしうりや	昭和5（1930）年7月15日
12.4	末政	すえまさ	昭和4（1929）年12月10日
13.2	油	あぶら	昭和4（1929）年12月10日
14.3	友末	ともすえ	不詳
15.4	楽間	らくま	昭和4（1929）年12月10日
16.5	鳴鹿	なるか	昭和4（1929）年12月10日
18.4	東古市	ひがしふるいち	大正14（1925）年9月16日
19.4	諏訪間	すわま	大正14（1925）年9月16日
21.2	京善	きょうぜん	大正14（1925）年9月16日
22.4	市野々	いちのの	不詳
24.6	永平寺	えいへいじ	大正14（1925）年9月16日

【京福電鉄 三国芦原線】
軌間1067mm/直流600V
三国～東尋坊口 1.6km　昭和43（1968）年3月21日廃止

km	駅名	読み	開業
0.0	三国	みくに	昭和7（1932）年5月28日
0.8	宿	しゅく	昭和7（1932）年5月28日
1.6	東尋坊口	とうじんぼうぐち	昭和7（1932）年5月28日

〔福井鉄道の廃止線〕

【福井鉄道 南越線】
軌間762mm→1067mm/蒸気・内燃・直流600V
社武生～戸ノ口 14.3km　昭和56(1981)年4月1日全廃

	距離	駅名	よみ	開業日
◯	0.0	社武生	しゃたけふ	大正3(1914)年1月29日
◯	0.2	福武口	ふくぶぐち	不詳
◯	0.8	北府	きたご	昭和2(1927)年6月7日
◯	2.5	村国	むらくに	大正3(1914)年1月29日
◯	3.9	塚町	つかまち	大正3(1914)年1月29日
◯	4.3	北村	きたむら	大正3(1914)年1月29日
◯	6.8	五分市	ごぶいち	大正3(1914)年1月29日
◯	8.7	粟田部	あわたべ	大正3(1914)年5月22日
◯	9.8	岡本新	おかもとしん	大正4(1915)年8月26日
◯	10.4	定友	さだとも	大正13(1924)年9月1日
◯	11.5	野岡	のおか	大正13(1924)年9月1日
◯	12.6	庄境	しょうざかい	大正13(1924)年9月1日
◯	13.2	越前赤坂	えちぜんあかさか	大正13(1924)年9月1日
◯	14.3	戸ノ口	とのくち	大正13(1924)年9月1日

【福井鉄道 鯖浦線】
軌間1067mm/直流600V
鯖江～織田 19.2km　昭和48(1973)年9月29日全廃

	距離	駅名	よみ	開業日
◯	0.0	鯖江	さばえ	昭和4(1929)年4月1日
◯	0.4	東鯖江	ひがしさばえ	大正15(1926)年10月1日
◯	2.4	水落	みずおち	大正15(1926)年10月1日
◯	3.9	越前平井	えちぜんへいい	大正15(1926)年10月1日
◯	5.6	川去	かわさり	大正15(1926)年10月1日
◯	7.5	西田中	にしたなか	大正15(1926)年10月1日
◯	9.9	佐々生	さそう	大正15(1926)年10月1日
◯	11.9	陶の谷	すえのたに	昭和3(1928)年11月8日
◯	14.5	樫津	かしづ	昭和3(1928)年11月8日
◯	15.7	下江波	しもえなみ	昭和3(1928)年11月8日
◯	16.6	江波	えなみ	昭和3(1928)年11月8日
◯	18.2	矢倉	やぐら	昭和23(1948)年1月1日
◯	19.2	織田	おた	昭和3(1928)年11月8日

〔現在のえちぜん鉄道〕

【えちぜん鉄道 勝山永平寺線】
軌間1067mm/直流600V
福井～勝山27.8km

	距離	駅名	よみ	開業日
◯	0.0	福井	ふくい	昭和17(1942)年9月21日
◯	0.3	新福井	しんふくい	大正3(1914)年2月11日
◯	1.5	福井口	ふくいぐち	大正3(1914)年2月11日
◯	2.4	越前開発	えちぜんかいほつ	昭和7(1932)年8月20日
◯	3.4	越前新保	えちぜんしんぼ	大正5(1916)年4月11日
◯	4.4	追分口	おいわけぐち	大正4(1915)年5月13日
◯	5.3	東藤島	ひがしふじしま	大正3(1914)年2月11日
◯	6.0	越前島橋	えちぜんしまばし	大正8(1919)年6月1日
◯	7.3	観音町	かんのんまち	大正3(1914)年3月11日
◯	8.4	松岡	まつおか	大正3(1914)年2月11日
◯	9.3	志比堺	しいさかい	大正3(1914)年2月11日
◯	10.9	永平寺口	えいへいじぐち	大正3(1914)年2月11日
◯	11.9	下志比	しもしい	昭和26(1951)年12月15日
◯	12.7	光明寺	こうみょうじ	大正9(1920)年5月19日
◯	14.2	轟	どめき	大正3(1914)年2月11日
◯	15.7	越前野中	えちぜんのなか	昭和25(1950)年8月15日
◯	17.2	山王	さんのう	大正3(1914)年2月11日
◯	19.3	越前竹原	えちぜんたけはら	大正3(1914)年2月11日
◯	21.2	小舟渡	こぶなと	大正3(1914)年3月11日
◯	23.1	保田	ほた	大正5(1916)年8月21日
◯	24.5	発坂	ほっさか	大正3(1914)年3月11日
◯	26.4	比島	ひしま	昭和6(1931)年5月1日
◯	27.8	勝山	かつやま	大正3(1914)年3月11日

〔現在の福井鉄道〕

【えちぜん鉄道 三国芦原線】
軌間1067mm/直流600Ｖ
福井口～三国港　　25.2km

0.0	福井口	ふくいぐち	昭和3(1928)年12月30日
0.0	まつもと町屋	まつもとまちや	平成27(2015)年9月27日
1.6	西別院	にしべついん	昭和4(1929)年12月1日
2.1	田原町	たわらまち	昭和12(1937)年4月1日
2.8	福大前西福井	ふくだいまえにしふくい	昭和3(1928)年12月30日
3.6	日華化学前	にっかかがくまえ	昭和3(1928)年12月30日
4.2	八ツ島	やつしま	平成19(2007)年9月1日
4.9	新田塚	にったづか	昭和3(1928)年12月30日
5.9	中角	なかつの	昭和3(1928)年12月30日
7.3	仁愛グランド前(臨)	じんあいぐらんどまえ	平成4(1992)年9月10日
8.1	鷲塚針原	わしづかはりばら	昭和3(1928)年12月30日
9.1	太郎丸エンゼルランド	たろうまるえんぜるらんど	昭和3(1928)年12月30日
10.1	西春江ハートピア	にしはるえはーとぴあ	昭和3(1928)年12月30日
11.7	西長田ゆりの里	にしながたゆりのさと	昭和3(1928)年12月30日
13.6	下兵庫こうふく	しもひょうごこうふく	昭和3(1928)年12月30日
15.4	大関	おおぜき	昭和3(1928)年12月30日
17.4	本荘	ほんじょう	昭和3(1928)年12月30日
18.3	番田	ばんでん	昭和3(1928)年12月30日
20.0	あわら湯の町	あわらゆのまち	昭和3(1928)年12月30日
22.0	水居	みずい	昭和4(1929)年1月31日
23.4	三国神社	みくにじんじゃ	昭和5(1930)年7月1日
24.2	三国	みくに	昭和4(1929)年1月31日
25.2	三国港	みくにこう	昭和19(1944)年10月11日

【福武線】
軌間762mm→1067mm/内燃・直流600Ｖ
越前武生～田原町

0.0	たけふ新	たけふしん	大正13(1924)年2月23日
0.6	北府	きたご	大正13(1924)年2月23日
1.7	スポーツ公園	すぽーつこうえん	平成22(2010)年3月25日
2.4	家久	いえひさ	大正13(1924)年2月23日
4.1	サンドーム西	さんどーむにし	昭和4(1929)年8月13日
5.3	西鯖江	にしさばえ	大正13(1924)年2月23日
6.0	西山公園	にしやまこうえん	大正13(1924)年2月23日
7.3	水落	みずおち	昭和2(1927)年10月5日
8.5	神明	しんめい	大正13(1924)年2月23日
9.7	鳥羽中	とばなか	昭和10(1935)年10月1日
11.5	三十八社	さんじゅうはっしゃ	昭和2(1927)年6月5日
12.2	泰澄の里	たいちょうのさと	平成23(2011)年3月20日
13.0	浅水	あそうず	大正14(1925)年7月26日
13.8	ハーモニーホール	はーもにーほーる	平成9(1997)年9月20日
14.9	清明	せいめい	平成23(2011)年3月20日
15.5	江端	えばた	大正14(1925)年7月26日
16.1	ベル前	べるまえ	平成元(1989)年10月1日
16.9	花堂	はなんどう	大正14(1925)年7月26日
17.8	赤十字前	せきじゅうじまえ	大正14(1925)年7月26日
(18.1	鉄軌分界点)		
18.4	商工会議所前	しょうこうかいぎしょまえ	昭和8(1933)年10月15日
18.9	足羽山公園口	あすわやまこうえんぐち	昭和8(1933)年10月15日
19.6	福井城址大名町	ふくいじょうしだいみょうまち	昭和25(1950)年11月27日
20.2	仁愛女子高校	じんあいじょしこうこう	昭和25(1950)年11月27日
20.9	田原町	たわらまち	昭和25(1950)年11月27日

福井城址大名町～福井駅(停留場)
0.6km

0.0	福井城址大名町	ふくいじょうしだいみょうまち	昭和25(1950)年11月27日
0.6	福井駅(停留場)	ふくいえき	昭和8(1933)年10月15日

福井県の私鉄鳥瞰図 （所蔵：国際日本文化研究センター、解説：矢崎康雄）

【福井県案内図絵】
今流に言えば、福井県を日本海上空から、広角レンズでとらえたような絵図である。中央上部は山と思いきや永平寺をすえ置いている。その下には福井の町が大きく描かれている。この当時、福井県で市制をしいているのは福井市だけで他の地域はすべて郡であった。左手に突き出した半島は今でも福井県の観光の目玉である東尋坊、右手、敦賀の先には敦賀半島が大きく描かれている。江戸時代に北前船で発展した三国港は九頭竜川の河口で、これに合流する左右に大きく描かれている川は日野川である。北陸本線など省線は黒白交互の鉄道の線、これに対し私鉄は赤線で、南越鉄道、福武電車、鯖浦電鉄、越前電鉄、三国芦原電鉄、永平寺鉄道で丸岡鉄道は丸岡電鉄と表記されている。

【永平寺参詣御案内】（永平寺鉄道の沿線案内図）
太い赤線が永平寺鉄道で北陸本線金津駅から永平寺門前駅まで直線で描かれている。永平寺は鎌倉時代に道元が開いた曹洞宗本山。図全体の約三分の一が永平寺山門駅から永平寺への道と寺院内の建物が詳しく描写されている。この図の裏の永平寺鉄道案内記もほとんどが永平寺内の説明であるが冒頭には「北陸線の上り列車でご参拝の方は金津で下車、永平寺鉄道の電車で50分、下り列車の場合は福井で下車、越前電鉄で永平寺口乗り換え…」という内容の案内文がある。新丸岡（昭和19年に本丸岡に改称）からの細い線は丸岡鉄道で上新庄（昭和5年に丸岡に乗り入れ改称）から先はまだ開業していない。

38

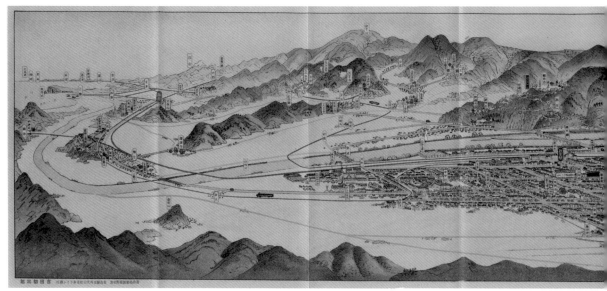

【武生】発行所　武生町役場

三方を山に囲まれて中央の武生の町が盆地の中にあるように見える。中央には日野川が右（南）から左（北）北に流れ、並行する北陸本線の汽車は下り列車で北の方を向いている。箇所名の札は武生駅と武生町役場が青地、主要な名所が赤地、他は白地である。福武電鉄はターミナルが武生新駅、次の駅は西武生である。西武生は現在北府（きたご）に改名されている。南越鉄道の新武生の次の駅も北府（きたごう）、場所もふりがなも異なる。武生は奈良時代国府が置かれた所で国府の北というのが北府の由来である。明治時代の前、武生は国府と称されており、明治2（1869）年に改名されている。昭和23（1948）年に武生町から武生市に平成17（2005）年に今立町を合併し越前市になっている。

【福武電鉄南越鉄道沿線名所図絵】

日野川を左右に、福武線を直線にしている。駅は北陸本線の武生の他、武生新、新武生（戦前に社武生に改名）、西武生と4駅を明記している。昭和8（1933）年に延びた福井新から福井駅前までの道路併用区間も道路の真ん中に赤い線を入れてある。福井駅の東側から出た南越鉄道は、岡本新で方向を変えて戸ノ口へ向かうこともわかる。福武線の水落で北陸線の鯖江から織田に行く鯖浦鉄道が福武線の下を通っていて福武線への連絡線はまだない。次の駅が「兵営」で歩兵第三十六連隊の兵舎が描かれているが、この駅名は昭和14（1939）年に「中央」に変更、昭和21（1946）年「神明」に改称された。戦前、戦中、戦後と駅名の変化が時代を反映している。

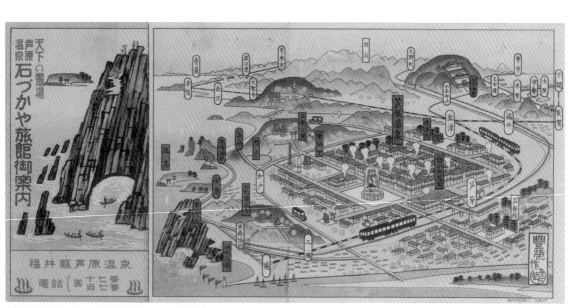

【芦原温泉石づかや旅館御案内：天下の霊湯】
芦原温泉旅館のパンフレットであるが芦原の町を中心に地域一帯が描かれている。左下に断崖絶壁の東尋坊、右上に永平寺、日本海を図の左部分と下の部分でL型に配している。右手遠くには太平洋、富士山の絵、東京の文字も見える。三国芦原電鉄はパンタを付けた電車だが、省線の三国線は気動車で終点は「港」とだけ記されている。「港」は現在えちぜん鉄道の「三国港」である。裏面の交通案内には「北陸本線金津にて三国支線にお乗りかへられ六分にて芦原温泉にお着きになります。金津駅は急行列車も停車致します。大阪より急行4・5時間、普通6時間…」と表記がある。北陸本線の金津は「芦原温泉」、芦原は粟原湯町から「あわら湯のまち」と駅名が変わっている。

【丸岡鉄道沿線案内】
作者は丸岡町城下豊栄と書かれている。日本海を左から下にして、丸岡城（霞ヶ城）と丸岡の町が中央に描かれ北陸本線の下り列車が白い煙をはいている。福井から東尋坊口への三国芦原電鉄はパンタグラフとヘッドライトで電車を強調している。この図絵は本丸岡から西長田の丸岡鉄道をはじめ鉄道の駅は主要駅だけが記されており、丸岡は直線で描かれ線路がスイッチバックすることもわからない。また金津から本丸岡を通り永平寺にいたる永平寺鉄道も書かれていない。裏に4か所だけ書かれた名所案内の丸岡城は昭和9年国宝（現在の重要文化財相当）に指定されたと記されているのでそれ以降の発行であろう。吉田初三郎作の鳥瞰図のような緻密さはない。手を抜いたものか、情報不足で作成したか、あえて多くの情報を掲載しなかった、できなかったのか知りたいところである。

吉田初三郎（よしだ はつさぶろう）

　最近の様々な案内図にはいい加減なイラストや漫画の手法が入ったものもあるが、数十年前までは鉄道や名所案内などで鳥瞰図（ちょうかんず）が多く用いられていた。

　鳥瞰図とは上空の鳥の目からみた図という意味。鳥とくに猛禽類（もうきんるい）の視力は細かいところまで識別ができることは知られている。鳥瞰図で多くの作品を残しているのが絵師の吉田初三郎、明治17（1884）年に京都で生まれ、昭和30（1955）年没、大正・昭和時代に3000点以上の作品を残している。10歳で友禅図案師の下で働き、その後上京、20歳半ばで鹿子木 孟郎（かのこぎ たけしろう）に洋画を学び、のちに師の勧めで商業美術に転向した。大正3（1914）年最初の鳥瞰図「京阪電車御案内」が時の皇太子（のちの昭和天皇）が修学旅行で京阪電車にお乗りになった際にご覧になり「これはきれいでわかりやすい、ともだちのおみやげとして持ち帰りたい」と称賛されたという。

　以降、大正昭和の観光ブームの波に乗り、絵図の人気は高まり注文も増え、自ら「大正の広重」と称していたという。そして大正名所図絵社(のちに観光社と改称)を設立、鉄道省、交通観光関連、地方自治体や新聞社などから数多くを受注している。鉄道開業50周年記念に際し、鉄道省が刊行していた「鉄道旅行案内」大正10年版に全国各地の鳥瞰図を執筆した。しかし戦時中は港湾施設などが絵から推測できるので、機密性の観点から軍部から睨まれ不遇の時代だったようである。戦後は「HIROSHIMA」（広島原爆被害の鳥瞰図）なども執筆している。

　評価できる点は、作成する際に現地に赴き、取材をして文化や歴史ほか、知られていない魅力的な景勝地などを見出すことなどもやっていた。また写実も細かい。この時代は多くの電車がまだポール集電であったが「新潟電鉄沿線案内」（14巻新潟県の私鉄に掲載）の電車のカットにはパンタグラフをつけたボギー車とわかる絵が描かれており、細かく観察していることがわかる。一方、日本海の向こうのロシアなど遠くの見えるはずのないところを薄く描くなどデフォルメの遊び心があり、「行って見たいなよその国」とでもいいたげな作者の感情が現れている。鵜の目鷹の目でこの人の作品を見ると思わぬ発見がある。

　　　　　　　　　矢崎康雄（鉄研三田会会員）

絵葉書
(解説・提供：白土貞夫)

【芦原駅構内】
駅舎は国鉄三国線と共用で跨線橋により連絡していた。左側に三国芦原電鉄の電車、右側に国鉄三国線列車が停車する1930年代の情景。

【永平寺鉄道永平寺門前駅】
1925年9月16日開業直後の構内風景、電車は電1形、付11形らしい。当駅は1938年に0.4km延長し、永平寺参道近くへ移転した際に永平寺と駅名も改称した。

【永平寺の列車交換風景】
京都電燈福井支社（越前線）永平寺駅として1914年2月11日開業、その後は永平寺鉄道起点となり、同鉄道金津延長等で駅名は永平寺→永平寺口→東古市→永平寺口と四転する。デハ7の進入を待つデハ1形電車との交換風景。

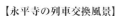

【中島トンネルと115号】
越前電気鉄道勝山～大袋間に
在った中島トンネル(約40m、
1940年新線経由で廃止)を通過
した115号電車は1914年勝山ま
での開業前後に京都電気鉄道か
らの借入車両と推定されるが詳
細は不明である。

【永平寺鉄道時代の新丸岡駅】
永平寺鉄道が1929年8月金津～
新丸岡間開通時に開設の新丸岡
駅、至近な位置に在った丸岡鉄
道本丸岡駅に対抗して大規模駅
舎を建築したという。両鉄道の
京福電気鉄道への統合時に本丸
岡に統一された。

The Main Street front of the Station. (The Famous Places In Fukui)
福井驛前大通 (静々井福)

【複線時代の駅前大通り】
福武電気鉄道が福井駅前大通り
を複線(現在は単線)併用軌道
で福井駅前への乗り入れた直後
の光景、遥か遠景に1936年建築
の福屋(後の大和百貨店ビルが
見えるから、撮影時期はそれ以
後であろう。(提供:関田克孝)

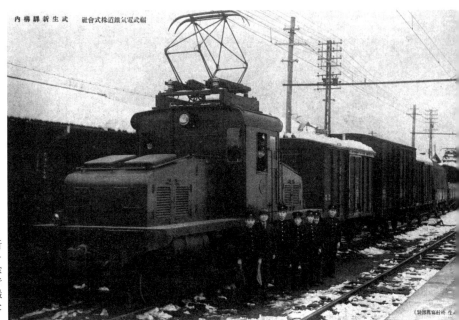

【武生新駅構内のデキ1】
1935年東芝製のデキ1は武生新駅構内での撮影。なお、P46・47掲載写真は「福井新橋」を除く5枚が同一セットの絵葉書で福武電気鉄道が1937年冬頃に撮影して何等かの記念に発行したと思われる。

【福武電気鉄道西武生車庫】
右からデハ1形、デハ24が並び、その後部にも修理中らしく嵩上げされた車両が見えている。左手はデハ20形らしい。建屋は木造2線式である。

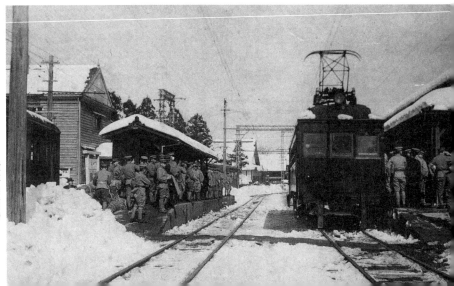

【福武電気鉄道兵営駅】
陸軍歩兵第36連隊駐屯地に開設の当駅名はそのものズバリ、写真のように軍人兵士の乗降も多かった。後に中央駅を経て神明駅と改称する。ホーム停車中の電車はデハ1形。

【福井駅前停留場】
終点の福井駅前停留場に到着した福武電気鉄道デハ11、特徴ある椀型ベンチレータや戸袋窓の楕円形窓が見えている。国鉄の福井駅は電車の正面、写真の逆方向に駅前広場を隔て、木造平屋建ての駅舎が在った。

【福井県庁前停留場】
福井県庁前停留場は大名町〜福井駅前間に所在した。停車中のデハ11形電車から路面用昇降ステップで下車する軍人の姿も写る。背景の7階建ビルが1948年6月福井地震で倒壊した福屋(後の大和)百貨店。

【福井新橋(幸橋)】
福井新橋は足羽川に架かる幸橋の別称、橋上の国道8号(現県道28号)に敷設の福井鉄道線路面軌道が複線化されたのは1950年であり、撮影時期はそれ以降となる。幸橋も2002年に架替えられた。(提供：関田克孝)

京福電鉄と福井鉄道の時刻表

京福電鉄（昭和32年10月訂補）

32.10.1 訂補 福井―京福大野―三国港・金津―丸岡―永平寺 電連（京福電鉄）

越 前 本 線

								粁	円	発 福 井 着							
527	557		1857	1957	2115	2215	10.9	40	発福　井着	648	718		2018	2117	2216	2316
552	622	此間	1923	2022	2139	2239	10.9	40	〃東古市発	623	653	此間	1953	2053	2153	2253
611	641		1941	2041	2159	2259	21.2	80	〃小舟渡〃	604	634		1935	2034	2134	2234
625	655	30分毎	1955	2055	2211	2311	27.8	100	〃勝　山〃	553	623	30分毎	1923	2023	2122	2222
644	714		2014	2114	2230	2329	36.4	120	着京福大野発	534	602		1900	2002	2102	2203

永 平 寺 線

福井―永平寺直通運転

	5 24	13 23	粁	円	発福　井着	7 37	14 52	...	...	...	...
	5 52	13 52	17.1	65	着永平寺発	6 54	14 21				

		此間金津発					粁	円	発金　津着	637	743	永平寺発			2142	2239
506	600	706.806	2003	2121			9.9	35	〃丸岡発	614	719	922.1022.	2118	2214
530	629	900.1002.1106.1202	2032	2149			9.9	35	〃東古市〃	554	654	1122.1222	2154
553	654	1244.1334.1432.1532	2054	2208			18.4	70	〃芦原〃	554	654	1315.1353.1452.1552	2054	2154
610	711	1632.1718.1802.1903	2111	2225			24.6	90	着永平寺発	539	638	1652.1750.1838.1938	2039	2138

三 国 ・ 芦 原 線

								粁	円	発福　井着	627	703				
541	612		1912	2012	2112	2212	1.5	10	〃福井口発	623	659		2003	2103	2203	2303
545	616	此間	1916	2016	2116	2216	1.5	10	〃西長田〃	623	659	此間約	1959	2059	2159	2259
608	638		1938	2038	2138	2238	13.2	50	〃芦原〃	600	637		1937	2037	2137	2237
622	652	30分毎	1952	2052	2152	2252	21.5	70	〃三国〃	546	623	30分毎	1923	2023	2123	2223
633	702		2003	2102	2202	2302	26.7	85	着三国港発	536	613		1913	2011	2112	2212

丸 岡 線 西長田

								粁	円	発西長田着	559	635				
610	640	此間	1940	2040	2140	2240	3.3	15	発西長田着	559	635	此間	1936	2036	2136	2236
617	647		1947	2047	2202	2247	粁	円	〃丸岡発	551	628		1928	2028	2128	2229
627	657	30分毎	1957	2057	2211	2257	4.3	20	着本丸岡発	541	618	30分毎	1918	2018	2118	2215

福井鉄道（昭和32年5月訂補）

32.5.1 訂補 武生―戸ノ口―福井・鯖江―織田 電連（福井鉄道）

南 越 線

							粁	円	発武　生着	6 33	7 03			
6 21	6 51	此間	21 51	22 51	8.7	30	8.7	30	〃粟田部発	6 15	6 45	此間	21 33	22 33
6 40	7 10	30分毎	22 10	23 10	8.7	30				6 15	6 45	30分毎	21 15	22 15
6 54	7 24		22 24	23 24	14.3	55			着戸ノ口発	6 01	6 31		21 01	22 01

福 武 線

		準急	此間	準急			粁	円	発武　生着	6 33	7 42	準急	此間	準急		
6 54	6 44	┘	19 44	22 54			5.3	15	〃西鯖江発	6 22	7 34	└	毎時	┘	20 42	23 33
6 05	6 52	毎時	19 52	23 05			5.3	15		6 22	7 34		毎時		20 34	23 22
6 10	6 56	準急 14分.44分	19 56	23 10			7.0	20	〃水落〃	6 17	7 31	準急 5分.35分			20 31	23 17
6 13	6 59	普通 24分.54分	19 49	23 13			8.5	25	〃神明〃	6 14	7 28	普通 17分.47分			20 28	23 14
6 38	7 21	に運転	20 21	23 38			20.1	70	着福井新着	5 47	7 05	に運転			20 05	22 47

鯖 江 線

							粁	円	発鯖　江着	6 26	6 56					
6 14	6 44	此間	19 44	此間	22 44		2.1	10	〃水落発	6 21	6 51	此間	19 56	此間	22 56
6 21	6 51	30分毎	19 51	60分毎	22 51		2.1	10		6 21	6 51	30分毎	19 51	60分毎	22 51
6 31	7 01	運転	20 01	運転	23 01		7.5	30	〃西田中〃	6 10	6 40	運転	19 40	運転	22 40
6 57	7 28		20 28		23 28		19.2	70	着織田発	5 45	6 15		19 15		22 15

48

2章
カラーフィルムで記録された
福井県の私鉄

【古豪の機関車が乗入れ貨車を牽く】
新福井駅に進入するテキ512の牽く貨物列車。◎新福井　昭和42（1967）年9月　撮影：荻原二郎

福井県における私設鉄道の発展とその後

寺田 裕一

　福井県は日本の中部地方に属し、東に岐阜県、北に石川県、そして南に滋賀県に接している。よく言われる北陸3県では広さ、人口とも石川、富山県の後塵を拝する。

　都市は県庁所在市である福井市が26万人強で30万人に満たない。市制を行うのは福井市以外では坂井市（三国町・丸岡町などの合併で誕生）、越前市、

鯖江市、敦賀市、大野市、小浜市、あわら市、勝山市での8市で、人口は10万に達する都市はない。

　県都である福井市は嶺北に属し、人口は26万人強（2019年4月）と県庁都市として決して多くない。おもな産業は鯖江市の眼鏡や、福井市周辺と九頭竜川流域で産出する生糸を使った繊維産業が知られるが、大きな工業ではない。

作図：佐竹雅之

京福電気鉄道福井支社

(1) 越前電気鉄道と丸岡鉄道の歩み

　えちぜん鉄道勝山永平寺線が走る九頭竜川流域は、明治初期からの羽二重織産地で、人口も多かったが、山岳地帯のため交通に難があった。1896（明治29）年7月に米原からの官設鉄道北陸線（現在のJR北陸本線）が福井に通じたころから、九頭竜川沿線住民は鉄道を強く願うようになった。勝山に至る鉄道の計画は複数あったものの、いずれも実現しなかった。そこで福井県知事は、福井で電力事業を手がけていた京都電燈に鉄道敷設を要請した。これを受けて京都電燈は、1914（大正3）年2月に新福井〜市荒川（現在の越前竹原付近）間を京都電燈福井支社（越前線）として開業、その年の4月までに大野口（後の貨物駅）に達した。北陸地方初の電気鉄道だった。

　丸岡は、織田信長の重臣：柴田勝家の甥である柴田勝豊により創建された丸岡城の城下町として栄えたが、1897（明治30）年9月に福井〜小松間が開通した官設鉄道北陸線は北国街道より海側の新庄、金津を通るルートとなった。丸岡と北陸線を結ぶ鉄道敷設が計画されたのは当然の流れで、1915（大正4）年6月に本丸岡〜上新庄（現在の丸岡付近）間が軌間762mmの蒸気鉄道で開業した。既存路線の改軌と電化は1930（昭和5）年5月で、1931（昭和6）年6月に丸岡でスイッチバックして北陸線を乗り越し、三国芦原電鉄西長田（現在の西長田ゆりの里）に至る路線が開業した。

　越前電気鉄道は京都電燈福井支社越前線の通称である。

(2) 永平寺鉄道と　　三国芦原電鉄の歩み

　永平寺は曹洞宗の大本山で、全国各地に信徒が散らばり多くの参拝客を集めていた。京都電燈福井支社越前線開業後は永平寺（永平寺口、東古市を経て現在の永平寺口）から、乗合自動車、人力車、徒歩連絡となり、ここに鉄路を敷く動きは、京都電燈と永平寺鉄道の競願となっ

た。福井県知事は軌間762mmの計画であった永平寺鉄道を軌間1067mmに改めさせて免許し、1925（大正14）年9月に京都電燈越前線永平寺から永平寺門前（のちに延伸して永平寺）間を開業させた。永平寺鉄道の金津（現在の芦原温泉）延伸は1926（大正15）年になってから計画され、1929（昭和4）年8月に金津〜新丸岡間を先行開業させ、新丸岡〜永平寺口間には九頭竜川橋梁架橋の難工事を控えていたが、1929年12月に全通を果たした。

　三国芦原線は、当初は加賀（石川県）と越前（福井県）を結ぶ加越電気鉄道の構想の一部であった。後に吉崎電気鉄道と社名を変えて計画を練り直したが進展しなかった。そのため地元有力者は京都電燈に経営参加を要請。1928（昭和3）年12月に福井口〜芦原（現在のあわら湯のまち）間が三国芦原電鉄として開業した。翌年1月には鉄道省三国線（金津〜三国港）間に並行して芦原〜三国町（電車三国を経て現在の三国）間が開業。さらに1932（昭和7）年5月、東尋坊口（廃止）までが全通した。

(3) 京福電気鉄道の誕生と絶頂期

　1931（昭和6）年の満州事変以降、国は経済の統制を強め、電力国家統制成政策により、電力会社に対

【元気だったころの東古市構内】
左からホデハ102、ホデハ211、ホデハ241形（車号不詳）、ホデハ221、テキ20の面々、福井、金津、永平寺、越前大野、4方向から来た電車はそれぞれの乗換を終え、4方向に出発する。◎東古市　昭和39（1964）年11月　撮影：荻原二郎

して事業の分離と統合を強要した。京都電灯の発送電部門は日本発送電力に、配電部門は関西配電と北陸配電に統合、鉄道事業は1942（昭和17）年３月設立の京福電気鉄道に継承された。この時点での京福の鉄軌道線は、福井地区が越前線、京都地区が嵐山線、北野線、叡山線（現在の叡山電鉄叡山本線）であった。発足直後の1942年８月に三国芦原電鉄と鞍馬電気鉄道（現在の叡山電鉄鞍馬線）、1944年12月に丸岡鉄道と永平寺鉄道を合併した。同年10月11日に鉄道省三国線が不要不急路線として運行停止となると、京福は三国〜三国港間を借り受けて電化し、翌日から営業を開始した。その区間とほぼ並行する電車三国〜東尋坊口間は休止となり、そのまま廃止された。

　1965（昭和40）年当時の福井県下の京福電鉄の路線は、越前本線（福井〜福井口〜東古市〜勝山〜京福大野）、三国芦原線（福井口〜西長田〜三国港）、永平寺線（金津〜本丸岡〜東古市〜永平寺）、丸岡線（本丸岡〜丸岡〜西長田）の計93.6kmに及んだ。車両数は貨車を含むと150両近く、年間1455万人の旅客と40万トンの貨物を運んだ。

（4）京福の路線縮小と２度の衝突事故

　しかし、1960年代後半から自動車交通の発達により輸送量は急減。丸岡線、永平寺線金津〜東古市間、越前本線勝山〜京福大野間が廃止され、1974年８月には、越前本線福井〜勝山間、三国芦原線福井口〜三国港間、永平寺線東古市〜永平寺間の計59.2kmとなった。

　路線縮小後は運転頻度を維持しつつ、貨物廃止、駅の委託化・無人化、ワンマン運転を実施して合理化に努めたが、赤字は累積していった。1990（平成２）年度の旅客は385万人まで減少し、京福電鉄は1992（平成４）年２月に永平寺線と越前本線の東古市〜勝山間の廃止を表明。それに対し沿線自治体は赤字補填などの支援を行い、営業を継続した。2000（平成12）年には勝山で恐竜博覧会が開催され、京福電鉄は乗客増を期待して変電所を増設し、前年に41年ぶりの新車２両を製造した。博覧会来場者数は目標を上回ったが、鉄道利用客は予想の半分にも満たなかった。

　2000（平成12）年12月、永平寺線モハ251形のブレーキロッドが破損して制動不能に陥り、東古市駅を通過して越前本線下り列車と正面衝突。半年後には越前本線発坂駅で上り列車が下り列車の到着を待たずに発車して正面衝突事故を起こした。短期間に事故が相次いだことを重く見た国土交通省は運行停止命令を下し、全線運休となった。

　京福電鉄は運転再開を断念し、福井地区の鉄道全線廃止の方針を探った。しかし、一方で鉄道の重要性も再認識された。その結果、越前本線と三国芦原線の第三セクター化が決定。2002（平成14）年９月に福井市、勝山市などが出資する、えちぜん鉄道が設立。翌2003年10月19日までに、勝山永平寺線（旧越前本線）と三国芦原線の全区間が、えちぜん鉄道の路線として運転を再開した。

（5）えちぜん鉄道開業と今日の姿

　えちぜん鉄道としての営業再開時の旅客車両は、京福時代の車両を引き継ぎ、元阪神車体のMC1101形１両、MC2101形14両、MC2201形３両、京福自社発注車のMC5001形１両（２両登場したうち１両は越前本線発坂での事故で廃車）、元南海のMC3001形６両であった。このうちMC3001形は予備車で、永平寺口の側線に押し込まれたものの、老朽化が激しく、一度も営業運転に使用されることなく廃車に至った。2004年から、もと愛知環状鉄道車のMC6001形２両とMC6101形の導入が始まり、MC6101形は2007年までに12両となった。もとJR飯田線119系のMC7001＋TC7001は2013年２月から導入が進み、2014年11月までに６編成12両の世帯となった。この時点で京福からの引継ぎ車はMC5001以外が廃車となった。

　2016年３月27日からは、えちぜん鉄道三国芦原線鷲塚針原〜田原町〜福井鉄道越前武生（現在のたけふ新）間の相互直通運転が始まった。えちぜん鉄道からは超低床連接車L形ki-bo ２両連接２本が導入され、毎日１本が福井鉄道車に交じって運用されている。車両の動きは落ち着いている感のある、えちぜん鉄道であるが、静岡鉄道1000形１本（1010編成）の導入が発表されている。2023年夏に予定されている福井県立恐竜博物館のリニューアルに合わせて観光列車「きょうりゅう電車」に改造がなされ、運行を開始する予定とのことで、どのような姿になるのかが楽しみである。

　なお、福井〜越前開発間の京福時代の晩年は複線で、えちぜん鉄道転換開業当初もそのスタイルを踏襲していた。2015（平成27）年９月27日に福井〜福井口間が北陸新幹線の高架を利用して仮高架化し、その際、福井口〜越前開発間は単線化された。2018年６月24日に福井〜福井口間が高架となり、同時に全線が単線となっている。これにより、新幹線開業後の姿が現実のものとなっている。

京福電気鉄道福井支社→えちぜん鉄道（年表）

1914（大正3）年2月11日	京都電灯　新福井〜市荒川（現在の越前竹原付近）間開業（1067㎜・600V）。
1914（大正3）年3月11日	京都電燈、市荒川−勝山間開業。
1914（大正3）年4月10日	京都電燈　勝山−大野口間開業。
1915（大正4）年6月22日	丸岡鉄道　上新庄（後の丸岡）〜本丸岡間開業（762㎜・蒸気）。
1918（大正7）年9月1日	京都電燈大野口−大野三番（後の京福大野）間開業。
1925（大正14）年9月16日	永平寺鉄道永平寺（永平寺口、東古市を経て永平寺口）〜永平寺門前（後の永平寺）間開業（1067㎜・600V）。
1928（昭和3）年12月30日	三国芦原電鉄福井口−芦原（現在のあわら湯のまち）間開業（1067㎜・600V）。
1929（昭和4）年1月31日	同芦原−三国町（電車三国を経て三国）間開業。
1929（昭和4）年8月14日	永平寺鉄道金津（現在の芦原温泉）〜新丸岡（後の本丸岡）間開業。
1929（昭和4）年9月21日	京都電灯福井−新福井間開業。
1929（昭和4）年12月10日	永平寺鉄道新丸岡〜永平寺口間開業。
1930（昭和5）年5月1日	丸岡鉄道1067㎜改軌・600V電化。
1931（昭和6）年6月15日	丸岡鉄道丸岡−西長田間開業。
1932（昭和7）年5月28日	三国芦原電鉄電車三国−東尋坊口間開業。
1942（昭和17）年3月2日	京福電気鉄道発足。京都電灯越前電気鉄道は越前線（後に越前本線）となる。
1942（昭和17）年8月1日	京福電気鉄道が三国芦原電鉄を合併。
1944（昭和19）年1月11日	三国芦原線電車三国−東尋坊口間休止。
1944（昭和19）年10月11日	鉄道省三国線休止。京福電鉄が三国−三国港間を借り入れ、三国芦原線として開業。
1944（昭和19）年12月1日	京福電気鉄道　永平寺鉄道と丸岡鉄道を合併。
1946（昭和21）年8月15日	国鉄三国線　金津−芦原間運転再開。
1968（昭和43）年7月11日	丸岡線全廃。
1969（昭和44）年9月18日	永平寺線金津−東古市間廃止。
1972（昭和47）年3月1日	国鉄三国線廃止。三国〜三国港間は京福電鉄に引き継がれる。
1974（昭和49）年8月13日	越前本線勝山−京福大野間廃止。
1989（平成元）年4月20日	越前本線ワンマン運転開始。
1990（平成2）年3月20日	三国芦原線ワンマン運転開始。
1992（平成4）年2月20日	京福電鉄が越前本線東古市−勝山間と永平寺線の廃止を表明。
2000（平成12）年12月17日	東古市の福井方で正面衝突事故発生、運転士1人が死亡。
2001（平成13）年6月24日	発坂の保田方で正面衝突事故発生。全線が運休となる。
2001（平成13）年10月19日	京福電鉄が福井地区の鉄道廃止を届出。
2002（平成14）年9月17日	えちぜん鉄道設立。
2002（平成14）年10月21日	運休中の永平寺線廃止。
2003（平成15）年7月20日	えちぜん鉄道福井−永平寺口間、福井口−西長田間開業。
2003（平成15）年8月10日	西長田−三国港間開業。
2003（平成15）年10月19日	永平寺口−勝山間開業により、全線運転再開。
2015（平成27）年9月27	福井−福井口間が北陸新幹線の高架を使用して仮高架化。
2016（平成28）年3月27日	三国芦原線と福井鉄道の相互直通運転開始。
2018（平成30）年6月24日	福井−福井口間高架化。
2021（令和3）年3月2日	小舟渡付近で斜面崩落、勝山永平寺線は福井−山王間の運行に（4/6に復旧）。

京都電灯越前電気鉄道→京福電気鉄道（福井）→えちぜん鉄道

	旅客輸送 人員(千人)	貨物輸送 屯数(t)	旅客輸送 密度(人／km日)	運輸収入(千円)			
				旅客	貨物	他	
1930(昭和5)年度	1,846	69,150	1,433	410	125	22	
1940(昭和15)〃	3,461	160,210	2,247	612	253	18	
1950(昭和25)〃	19,122	298,308	3,676	211,421	37,256	15,641	
1960(昭和35)〃	13,530	289,667	3,788	395,397	43,428	11,337	
1970(昭和45)〃	10,676	210,681	4,538	692,005	40,416	18,459	
1980(昭和55)〃	5,479	44,367	2,790	1,413,116	14,644	26,962	
1990(平成2)〃	3,855	0	2,037	1,253,693	0	52,956	
2000(平成12)〃	3,029	0	1,706	960,737	0	36,679	
2010(平成22)〃	3,152	0	1,748	745,755	0	46,583	
2019(令和元)〃	3,624	0	1,816	789,581	0	56,374	

三国芦原電鉄

	旅客輸送 人員(千人)	貨物輸送 屯数(t)	旅客輸送 密度(人／km日)	運輸収入(千円)			
				旅客	貨物	他	
1930(昭和5)年度	1,177	19,394	1,233	201	12	5	
1940(昭和15)〃	2,581	26,804	2,960	352	17	6	

永平寺鉄道

	旅客輸送 人員(千人)	貨物輸送 屯数(t)	旅客輸送 密度(人／km日)	運輸収入(千円)			
				旅客	貨物	他	
1930(昭和5)年度	862	10,110	649	152	8	6	
1940(昭和15)〃	1,428	23,552	1,027	184	15	7	

丸岡鉄道

	旅客輸送 人員(千人)	貨物輸送 屯数(t)	旅客輸送 密度(人／km日)	運輸収入(千円)			
				旅客	貨物	他	
1930(昭和5)年度	235	3,415	600	26	4	5	
1940(昭和15)〃	680	6,250	1,253	67	5	2	

鉄道統計年報等から作成

	計	営業費 (千円)	営業収支 (千円)	車輌数/(両)			鉄道従業員数 (人)
				機関車	客車	貨車	
	538	291	267	8	26	50	205
	883	422	461	9	21	50	202
	264,318	244,012	20,306	10	51	70	962
	450,162			9	52	57	751
	750,880			8	50	7	449
	1,454,722	2,062,808	▲608,086	3	41	7	270
	1,306,649	1,737,577	▲430,928	3	32	3	139
	997,415	1,400,636	▲403,221	3	30	1	83
	792,338	1,068,104	▲295,766	2	25	0	157
	855,955	1,132,753	▲276,798	2	29	0	155

	計	営業費 (千円)	営業収支 (千円)	車輌数/(両)			鉄道従業員数 (人)
				機関車	客車	貨車	
	218	115	103	0	10	10	106
	375	199	176	0	10	10	108

	計	営業費 (千円)	営業収支 (千円)	車輌数/(両)			鉄道従業員数 (人)
				機関車	客車	貨車	
	166	149	17	0	11	7	92
	206	144	62	0	11	8	105

	計	営業費 (千円)	営業収支 (千円)	車輌数/(両)			鉄道従業員数 (人)
				機関車	客車	貨車	
	35	25	10	0	2	2	41
	74	45	29	1	2	5	32

福井鉄道

（1）南越地方に誕生した3社

　福井鉄道は現在、武生と福井市内を結ぶ福武線のみが営業路線であるが、過去には武生からの南越線と、鯖江市内から海側に向かう鯖浦線があった。福武・南越・鯖浦線で最も早く開業したのは南越線の前身、南越鉄道であった。

　南越地方の産業振興のため1912（明治45）年4月に武岡軽便鉄道が設立され、1914（大正3）年1月に新武生（後の社武生）〜五分市間が軌間762mmの蒸気鉄道として開業した。開業の年の5月に粟田部、翌年8月に岡本新へ延長を行い、1918（大正7）年3月に武岡鉄道に改称した。大正末期には、岡本新と鯖江を結ぶべく1923（大正12）年2月に今立鉄道が設立され、武岡鉄道は1924年3月に今立鉄道を合併して社名を南越鉄道に変更したのち、同年7月に軌間を1067mmに改めた。1924年9月に岡本新でスイッチバックする線形で戸ノ口までが開業し、戸ノ口〜東鯖江間の建設は放棄された。

　1921（大正10）年12月、福井と武生の連絡を目的に、福武電気鉄道設立された。福井〜武生間には米原からの官設鉄道北陸線（現在のJR北陸本線）が1896（明治29）年7月15日に通じていて、ほぼ並行路線が免許を得るのは、鉄道国有法が公布された1906（明治39）年3月31日からそう年が立たない時期からすると、疑問が残る。その答えの一つが神明町に駐屯した帝国陸軍鯖江36連隊の存在であった。福武電気鉄道は、その兵員輸送を開業目論見の一つに加えていた。1924（大正13）年2月に武生新（現在のたけふ新）〜兵営（現在の神明）間、1925（大正14）年7月に兵営〜福井市（現在の赤十字前）間が開業、福井市の先は北国街道上の併用軌道となり、1933（昭和8）年10月に福井駅前延伸を果たした。当初は全営業列車が各駅停車であったが、1941（昭和16）年4月に急行運転を開始した。

　丹生郡下の物資集散地であった西田中、織田と官設鉄道北陸線を結ぶ鉄道は早くから計画されていたが、実現に辿り着いたのが鯖浦電気鉄道であった。浦は梅浦を指し、日本海沿岸への延伸を志向していた。最初の開業区間は、北陸線鯖江駅から0.4km北

【福井駅前に停車するモハ62】
鉄道線用の高床車に停留所から乗降するための折り畳み式車外ステップを取り付けて市内線に使用したのは福井鉄道の特徴で、平成25（2013）年に低床式車両へ置き換わるまで続いた。◎福井駅前　昭和38（1963）年10月　撮影者：阿部一紀

【福武電気鉄道生え抜きのモハ1】
正面は補強されているが、かつては福井鉄道を代表する車両だった。晩年は鯖浦線での運用が多くなった。
◎西田中　昭和42（1967）年11月　撮影：田尻弘行

にある東鯖江から佐々生までの9.5kmで、1926（大正15）年10月に営業を開始した。佐々生〜織田間の開業は1928（昭和3）年11月で、翌1929年4月に鯖江〜東鯖江間が開業して、鉄道省鯖江への乗り入れがなった。

（2）戦時統合で福井鉄道が誕生

　戦時中の1941（昭和16）年7月に福武電気鉄道は、新武生〜戸ノ口間の南越鉄道を合併して南越線とし、1945（昭和20）年8月に鯖浦電気鉄道と合併して福井鉄道が誕生し、旧鯖浦電気鉄道線は鯖浦線となった。

　福井市街は1945（昭和20）年7月の福井空爆と1948（昭和23）年6月の福井地震で甚大な被害を受け、復興に向けて都市計画が進められた。その一環として、軌道線の京福電気鉄道（現在のえちぜん鉄道）三国芦原線田原町への延伸と、福井駅前への経路の変更が図られ、1950（昭和25）年11月、花堂〜福井駅前〜田原町間の運転が始まった。

　非電化であった南越線の電化は1948（昭和23）年3月で、これで全線の動力の統一が成った。福武

線の水落と鯖浦線を結ぶ連絡線は1947（昭和22）年に設けられ、当初は車両の移動のみに使われたが、1959（昭和34）年7月に鯖浦線と福武線の間で乗り入れ運転が始まった。

（3）絶頂期を迎えた福武線と廃止に至った2線

　1960（昭和35）年3月には福武線に急行列車専用のモハ200形連接車が登場、カルダン駆動方式を採用した高性能車であった。1964年から福武線全列車が2両編成となり、都市型鉄道への脱皮が進んだ。この頃が福井鉄道の最も華やかな時代で、年間輸送人員は1260万人、貨物は25万tに及んだ。福武線と競合する国鉄北陸本線の普通列車は朝夕でも概ね1時間間隔、昼間は2時間くらいに間隔が開き、これに対して福武線は、昼間も1時間当たり急行1本、普通2本で、福井〜鯖江〜武生間の輸送需要をほぼ独占していた。

　1960年代後半からは自動車交通の発達により福井鉄道の輸送量は客貨ともに減少した。1971（昭和46）年9月に南越線の粟田部〜戸ノ口間が廃止、1973（昭和48）年9月に鯖浦線が全廃。1979（昭和

54）年10月に福武線の貨物営業が廃止となり、1981（昭和56）年4月には南越線も全廃となって、福井鉄道の鉄軌道線は福武線1線だけとなった。

1980年代以降の福武線は、300系（旧静岡鉄道300系）導入など車両の改善、PC枕木化、CTC（列車集中制御）化、ワンマン運転化、ATS設置、福井駅前に運行状況板を設置するなど、随所で設備の改良が進められた。

（4）JR西日本の攻勢と低床化の福鉄

1987（昭和62）年4月に発足した西日本旅客鉄道（JR西日本）は、地方都市圏で所要時間の短縮、運転本数の増加、新型車両の投入といった施策を実施した。福井地区も例外では無く、北陸本線武生～福井間は昼間でも1時間間隔で所要20分、特急を含めると20～40分間隔で最短12分となった。一方の福武線の武生新～福井駅前間は普通で44分を要し、運賃でも劣勢になった。福井鉄道の輸送人員は減少を続け、1990（平成2）年度には300万人を割った。

1998（平成10）年11月30日のダイヤ改正で、福井鉄道は昼間時の急行を廃止して、普通のみの20分間隔とした。所要時間ではJRに対抗できないため、中間駅利用者の利便性を高めて競争力を維持する方策であった。しかし利用客の減少は止まらず、2003（平成15）年度は162万人まで落ち込んだ。

2006（平成18）年4月から名古屋鉄道岐阜地区から譲り受けた低床車中心の運用に切り替えた。名古屋鉄道の岐阜地区は美濃町線、岐阜市内線、揖斐線などを営業していたが、2005（平成17）年3月末限りで全廃となった。車歴が浅い車は、グループ会社の福井鉄道と豊橋鉄道豊橋市内線に譲渡され、福井鉄道の鉄道線区間ではホームを高床車対応から削っての対応であった。高床式車が多客時に運用される場合の鉄道線では、軌道線区間で使用していたステップを用いた。名古屋鉄道岐阜地区からの転入車の大半は2両連接であったが、単行車両800形（802、803）の2両が含まれた。これら2両は輸送力が不足がちで夕刻の急行などに使用されたが、後述するFUKURAMが増備されると、2019年3月に豊橋鉄道に転じた。

【福井鉄道の花 モハ200形】
モハ200形の第2編成の急行電車が武生新に到着する。すでにモハ200形は他車との連結運転のため、密着式自連が装備されたが、渡し線はなく他車と編成を組む時は、運転士の二人乗務が必要であった。◎武生新　昭和48（1973）年6月　撮影：清水武

（5）地元資本となった福鉄と超低床車

　2006年度末で福井鉄道の累積赤字は約22億円、借入金残高は30億円に達した。2007年9月には「このままでは鉄軌道部門の存続が困難」と、県と沿線自治体に支援を要請した。2008（平成20）年12月、筆頭株主の名古屋鉄道は増資を引き受けたうえで、株式を地元自治体出資の第三セクターや地元支援団体に一株1円で譲渡、福井鉄道は地元資本（出資）の会社となった。

　低床車中心の運行に変わっていた福井鉄道に、3車体連接、3台車方式の超低床車FUKURAM、F1000形が登場したのは2013（平成25）年3月であった。全長27.16mの大型車で、利用客の多い列車を中心に運用を開始した。最初のF1001はオレンジ色基調、F1002は2015年2月登場でブルー基調、F1003は2016年3月登場でグリーン基調、F1004は2016年12月登場で桜色基調となり、3車体連接4編成が揃った。F1003が営業運転を開始した直後の2016年3月27日からは、えちぜん鉄道三国芦原線鷲塚針原〜田原町〜福井鉄道越前武生（現在のたけふ新）間の相互直通運転が始まった。えちぜん鉄道からは超低床連接車L形ki-boが導入され、福井鉄道車に交じって運用されている。2023（令和5）年春にはF2000形フクラムライナーが登場した。FUKURAMの発展形で、多客列車を中心に運用されている。

　通年運行ではなく、春秋のシーズンにイベント的に走行する車両としてF10形レトラム（連接車）がある1959（昭和34）年に独シュトウットガルト、軌間1000mmの片運転台式の連接車として登場し、土佐電気鉄道が世界の路面電車を集めている中で、714号と735号の運転台車両を組み合わせ、軌間を改めて連接車とした。土佐電気鉄道では2005（平成17）年まで使用され、福井県が費用を投じて2014（平成26）年4月から福井鉄道での営業運転を開始した。2014年度は福井駅前〜田原町間中心の運用であったが、以降は越前武生（現在のたけふ新）〜田原町間の運行に変わっている。

　新しさと古さが混在するのが福井鉄道の魅力といえよう。　　　　　　　　　（鉄研三田会会員）

【F1000形（1001）】
2013年に登場した3車体3台車の超低床車両。その後、毎年1編成づつ増備され、現在は4編成が活躍中。
◎田庫町　令和4（2022）年4月　撮影：田中信吾

福井鉄道の歩み

1914（大正3）年1月29日	武岡軽便鉄道新武生（後の社武生）〜五分市間開業（762mm・蒸気）。
1914（大正3）年5月22日	武岡軽便鉄道 五分市－粟田部間開業。
1915（大正4）年8月26日	武岡軽便鉄道 粟田部－岡本新間開業。
1918（大正7）年3月19日	武岡軽便鉄道 武岡鉄道に改称。
1924（大正13）年2月23日	福武電気鉄道 武生新（現在のたけふ新）〜兵営（現在の神明）間開業（1067mm・600V）。
1924（大正13）年3月7日	武岡鉄道が今立鉄道を合併し、南越鉄道に改称。
1924（大正13）年7月31日	南越鉄道1067mm改軌。
1924（大正13）年9月1日	南越鉄道 岡本新－戸ノ口間開業。
1925（大正14）年7月26日	福武電気鉄道兵営－福井市（福井新を経て現在の赤十字前）間開業。
1926（大正15）年10月1日	鯖浦電気鉄道東鯖江－佐々生間開業
1928（昭和3）年11月8日	鯖浦電気鉄道 佐々生－織田間開業。
1929（昭和4）年4月1日	鯖浦電気鉄道 東鯖江－鯖江間開業。
1933（昭和8）年10月15日	福武電気鉄道福井新〜福井駅前間開業。
1941（昭和16）年4月1日	福武電気鉄道 急行運転開始。
1941（昭和16）年7月2日	福武電気鉄道 南越鉄道を合併。

福武電気鉄道→福井鉄道

	旅客輸送人員（千人）	貨物輸送屯数(t)	旅客輸送密度（人／km日）	運輸収入（千円）			
				旅客	貨物	他	
1930（昭和5）年度	1,515	26,197	1,832	190	19	2	
1940（昭和15）〃	3,316	60,485	4,601	377	46	4	
1950（昭和25）〃	11,033	90,815	5,179	97,475	12,106	2,449	
1960（昭和35）〃	11,263	191,048	5,668	220,836	28,158	9,915	
1970（昭和45）〃	9,752	226,917	5,087	459,750	42,747	20,892	
1980（昭和55）〃	4,812	14,870	4,102	704,867	10,256	25,296	
1990（平成2）〃	2,925	0	3,701	574,046	0	25,187	
2000（平成12）〃	1,834	0	2,329	411,058	0	31,558	
2010（平成22）〃	1,731	0	2,289	336,327	0	25,172	
2019（令和元）〃	1,988	0	2,333	341,914	0	13,883	

南越鉄道

	旅客輸送人員（千人）	貨物輸送屯数(t)	旅客輸送密度（人／km日）	運輸収入（千円）			
				旅客	貨物	他	
1930（昭和5）年度	298	14,922	459	58	21	2	
1940（昭和15）〃	544	48,138	806	87	45	4	

鉄道統計年報等から作成

福井鉄道の歩み続き

1945（昭和20）年8月1日	福武電気鉄道　鯖浦電気鉄道と合併して福井鉄道設立。
1948（昭和23）年3月1日	南越線600V電化。
1950（昭和25）年11月27日	福武線市役所前（現在の福井城址大名町）－田原町間開業。
1959（昭和34）年7月20日	福武線と鯖浦線の直通運転開始。
1962（昭和37）年1月25日	鯖浦線鯖江～水落（信）間廃止。
1963（昭和38）年5月	名古屋鉄道の資本下に入る。
1971（昭和46）年9月1日	南越線粟田部－戸ノ口間廃止。
1972（昭和47）年10月12日	鯖浦線西田中－織田間廃止。
1973（昭和48）年9月29日	鯖浦線水落－西田中間廃止により鯖浦線全廃。
1979（昭和54）年10月3日	福武線の貨物輸送廃止。
1981（昭和56）年4月1日	南越線社武生－粟田部間廃止により南越線全廃。
2006（平成18）年4月1日	名鉄岐阜地区の低床車が運転を開始。
2008（平成20）年12月29日	名古屋鉄道が経営から撤退。
2010（平成22）年3月25日	スポーツ公園開業。武生新を越前武生に改称。
2016（平成28）年3月27日	えちぜん鉄道三国芦原線との相互直通運転を開始
2023（令和5）年2月25日	越前武生をたけふ新に改称。

	計	営業費 （千円）	営業収支 （千円）	車輌数/（両）			鉄道従業員数 （人）
				機関車	客車	貨車	
	212	126	86	0	9	6	113
	427	240	187	1	8	10	191
	112,030	91,030	21,000	4	35	56	673
	258,909	254,353	4,557	2	39	44	557
	523,389	711,421	▲188,032	2	36	11	428
	740,421	903,335	▲162,914	3	26	5	125
	599,233	618,557	▲19,324	4	28	4	77
	442,616	483,079	▲40,463	3	25	2	62
	361,499	567,238	▲205,739	3	30	0	69
	355,797	614,883	▲259,086	2	35	0	61

	計	営業費 （千円）	営業収支 （千円）	車輌数/（両）			鉄道従業員数 （人）
				機関車	客車	貨車	
	81	57	24	3	10	7	62
	136	110	26	3	9	9	87

京福電気鉄道福井支社

県を跨いで全く交流のない鉄道が同じ社名を名乗り、一方は支社に甘んじているという鉄道の名前としては不思議な気がした。少し調べれば電気鉄道の発展に電力会社が大きく関ったケースが少なくなかったことが判るのだが。その結果、会社名は京都と福井から頭文字を取って京福となったと知り、特に福井と京都を結ぶ鉄道の構想があったわけではないとわかって、妙に納得した記憶がある。

さて福井支社の路線にもそれぞれ歴史があった。また、4路線95kmに達した鉄道網も次第に廃止され、短縮されて、えちぜん鉄道に引き継がれたのは2路線、54km弱である。

北陸本線の列車が福井に近づく少し前、山側にかなり大きな電車の車庫が見えた。少し前、金津通過の時ちらと見えた濃淡みどり色に塗り分けられた電車がたくさん並んでいた。この駅は福井口で福井から来た電車が三国港方面と永平寺・勝山、越前大野方面に分かれる分岐駅だった。三国港方面に行く三国港線は福井口で分かれると国鉄北陸本線をオーバークロスして芦原温泉、三国港に向かう。この路線は三国芦原電鉄として、昭和3（1928）年開業した区間である。かつて三国港より先、戦時中から休止していた東尋坊口まで1.6kmは昭和43（1968）年3月廃止している。面白いのは北陸本線金津駅から三国港までの9.8kmの国鉄三国線があったが、昭和19（1944）年重複する芦原〜三国港の国鉄路線廃止し、国鉄三国線は金津〜芦原までの区間になった。昭和47（1972）年に廃止された。

三国港線の途中西長田で旧丸岡電気鉄道を引き継いだ丸岡線専用のちょっと小ぶりな電車が乗り換

【ホデハ201形（201）】明かりの灯り出した永平寺の駅で、参拝を終えた乗客を待つ。電車は金津行きで、福井に出るのは永平寺口（のちの東古市）で乗り換えが必要だった。◎永平寺　昭和38（1963）年8月　撮影：田尻弘行

え客を待っている。この路線は7.0kmの短い路線だが国鉄線を越え、本丸岡で永平寺鉄道を前身とする永平寺線に接続する。永平寺線は北陸本線金津を起点とし、東古市で福井から来た越前本線と平面交差して永平寺に至る路線だが、金津接続の必要が薄らいで昭和49（1969）年9月金津～東古市を廃止し、路線を短縮、平成14（2002）年10月東古市～永平寺が廃止され永平寺線は消えた。

　また越前本線自体も昭和49年8月、勝山～越前大野までの区間9km弱を廃止している。

　平成4（1992）年福井支社から福井本社に昇格したものの、平成12（2000）年4月、バス事業を分社して、鉄道一筋の会社として、二つの営業路線、三国芦原線、越前本線をもって地方交通の一翼を担っていた。ところが、同年12月17日に発生した正面衝突

事故（車両整備不具合）、さらに翌年6月に越前本線保田～発坂間で発生した正面衝突事故（人的原因と保安設備の整備の遅れ）を機に、国土交通省から鉄道営業中止命令が出て、全区間において電車の運転は中止された。会社は鉄道営業の復活は不可能と判断、平成13（2001）年10月国土交通省に対し鉄道廃業届を出してしまう。電車たちは車庫に集められて、彼らの行く末が案じられた。

　代行バスは走ったもののこれまでの鉄道利用者から鉄道復活の声が起こり、福井県が第3セクター方式で鉄道を復活させることになり、2002年9月17日に第3セクター鉄道「えちぜん鉄道」が発足し、2003年2月1日に京福電鉄福井本社は鉄道事業を「えちぜん鉄道」に譲渡、とりあえず元京福電気鉄道の施設、車両を使って営業を再開した。

【色々な電車たち】右から京福オリジナル、中央は関西から元阪神、左は関東から元京王、さらに左隅に元南海も写っている。
◎福井口　昭和47（1972）年8月　撮影：田中義人

越前本線

　福井〜京福大野（36.4km）の路線で福井を起点に途中、東古市で丸岡方面からやって来た永平寺鉄道と平面交差し、九頭竜川の南岸を走り、勝山を経て京福大野に至る。いわば京福電気鉄道福井支社の本線というべき路線で、その後昭和49（1974）年8月勝山以遠を廃止したが、これは国鉄越美北線の開業と、下荒井六呂師〜新在家間にある下荒井トンネルが狭隘でその後導入する南海電鉄の車両が通過できなかったことも勝山以遠を廃止する理由になった。これは現在のえちぜん鉄道に継承後の「勝山永平寺線」として主要路線である。

【京福大野駅】
今はなき京福大野駅、立派な2階建てで屋上にはビヤーガーデンまである。狭かったトンネルが禍し、昭和49年、この駅舎を利用することもなくなった。
◎昭和37（1962）年5月
撮影：荻原二郎

【ホデハ201形（202）】
珍しい3両編成、ホデハ202は木造車の鋼体化で生まれた車両、最後尾はホデハ241らしい。
◎永平寺
昭和42（1967）年1月
撮影：田尻弘行

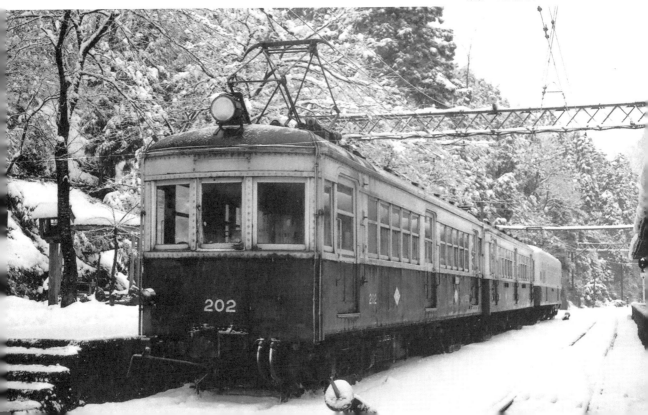

三国芦原線（三芦線）

　越前本線の福井口で分かれ、芦原温泉、三国、東尋坊方面に至る路線（開業時25.8km、現在は25.2km）で、芦原湯町以遠の変化はかつて存在した国鉄三国線（昭和47（1972）年3月廃線）と絡んで興味深い。現在の三国港駅はかつての国鉄三国線から引き継いだもの。山に分け入るような越前本線と異なり、越前平野を走る通勤路線の性格も強く、戦後最初の新造車ホデハ1000形もこの区間に集中投入されていた。

永平寺鉄道

　越前本線を東古市（現在の永平寺口）で平面交差して北陸本線金津（現、芦原温泉）と永平寺を結んだ路線であった。のちに合併によって永平寺参拝の人の流れは福井に移り、金津と東古市間は乗客が減少して昭和44（1969）年9月廃止、東古市〜永平寺も平成13（2002）年の事故で運休にされた翌年平成14（2003）年に廃止になった。

◎永平寺　昭和37（1962）年5月　撮影：荻原二郎

ホデハ11形（11〜16）

　昭和3（1928）年日本車輌製。三国芦原電鉄が開業に合わせて新造した車両で永平寺鉄道の電102〜107と同型である。この二社は昭和17〜19（1942〜44）年にかけて京福電気鉄道福井支社として統合されるので、楕円形戸袋窓を持つこの電車は京福電気鉄道福井支社を代表する車両となった。ステップを切り落とせば、後年「丸窓電車」として人気を博した上田温泉電軌デナ200形（上田交通デハ5250形）とも共通するが、こちらは特徴的な丸窓は埋められていた。

【ホデハ11形（11）】
◎福井口〜越前開発
昭和40（1965）年4月
撮影：髙井薫平

ホデハ101形（101）

　大正14年3月に加藤車輌で製作された電101形。永平寺鉄道開業時の車両で、のちに統合されて京福電気鉄道福井支社として最初のボギー車であった。集電装置は単車時代と同じトロリポールの先端部をパンタグラフの集電舟に変えたいわゆるYゲルを使用、当時の京福電車の標準になっていた。Yゲルを現場ではポールパンタと言っていたと聞いた。

【ホデハ101形（101）】
◎本丸岡
昭和37（1962）年5月
撮影：荻原二郎

【ホデハ21形(21)】
もとホデハ11形(20)であったが、昭和10(1935)年に福井車庫で焼失し、加藤車輌において復旧工事を行った車両。すでに出場していたホデハ201形に倣って側窓が二段上昇式に変わったが、窓柱位置は変わらないので窓の大型化は行われなかった。
◎福井口
昭和40(1965)年4月
撮影：髙井薫平

【金津車庫を望む】
北陸本線の車窓から旧永平寺鉄道金津車庫を望む。ここから永平寺行に乗り換えると東古市で越前本線を平面交差して永平寺に至る。
◎金津
昭和40(1965)年4月
撮影：髙井薫平

【ホデハ102形(102、103)】
昭和4(1929)年に日本車輌製。永平寺鉄道が金津〜新丸岡を延長する際に増備された。日本車輌が地方の中堅私鉄に供給した標準型車両で仲間があちこちにいて、三国芦原電鉄由来のホデハ11形も同一車体である。一段下降式窓で、ホデハ11形では埋められていた楕円形の戸袋窓も健在。シックな雰囲気の車両であった。
◎東古市
昭和39(1964)年11月
撮影：荻原二郎

【ホデハ104形 (105)】
昭和5 (1930) 年日本車輌
で4両が製作された。ホ
デハ102形の増備車でほと
んど変わりはなく、両形
式を合わせたこの6両は
京福電気鉄道福井支社を
代表する車両になった。
◎金津
昭和37 (1962) 年6月
撮影：荻原二郎

【ホクハ17形 (18)】
大正10 (1921) 年梅鉢鉄工所で
生まれた木造付随車で、大正14
(1925) 年に制御車に改造され、
戦災で焼失、昭和23 (1948) 年帝
国車輌で車体を新製ホサハ61と
なった。
◎昭和13 (1938) 年8月
撮影：裏辻三郎 (荻原俊夫蔵)

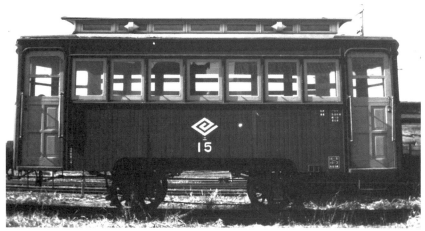

【ニ11形 (15)】
今回のテーマから少し外れる一
昔前の車両、荷重1トンの荷物
車だが、スタイルは完全に客車
だ。大正5 (1916) 年製の京都電
燈越前線デハ15が出自。昭和8
(1923) 年にニ15に改造され、戦
災で焼失後昭和24 (1949) 年に
廃車された。
◎昭和13 (1938) 年8月
撮影：裏辻三郎 (荻原俊大蔵)

丸岡鉄道(丸岡線)

丸岡のシンボルである丸岡城は1576年の安土桃山時代の築城で、明治の廃藩置県によって廃城になるものの天守だけは辛くも残り、その後の福井地震などによる被害も復元されて、日本の名城100選にも選ばれている。現在、丸岡の町(旧丸岡町、現坂井市)には国鉄(のちのJR)北陸本線だけが通っているが、丸岡鉄道は大正4(1915)年に丸岡町と国鉄線の丸岡駅を結ぶ762mm軌間の軽便鉄道として開業、昭和5(1930)年1067mmに改軌、同時に600V電化、2両の小型ボギー電車が登場した。

丸岡鉄道は昭和19(1944)年に京福電気鉄道に吸収された。丸岡線は本丸岡で永平寺線、西長田で三国芦原線と接続する7.6kmの路線であるが、昭和43(1968)年7月に営業を廃止した。

【ホデハ110形(111)】
昭和5(1930)年、丸岡電気鉄道開業に合わせて大阪鉄工所で、ホデハ101、102として誕生、幕板の広い四角な小型車だが、丸岡線にはよく似合っていた。その後京福電気鉄道として併合される際に、旧永平寺鉄道ホデハ101形と区別するためにホデハ111、112になった。終生丸岡線の廃止まで主役をこなし、廃止と同時に廃車になった。
◎西長田
昭和38(1963)年5月
撮影:髙井薫平

【ホデハ111形(112)】
丸岡鉄道から引き継いだ車両。丸岡線はホデハ111、112の唯一の働き場所で、2両が終日使用されていた。
◎新福島
昭和38(1963)年5月
撮影:髙井薫平

【ホデハ111形(111)】
丸岡鉄道引継ぎのこの車両は、四角くて、小さくて、独特の雰囲気があった。
◎本丸岡
昭和38(1963)年5月
撮影:髙井薫平

【永平寺に進入するホデハ221】左手の引き上げ線にホデハ104が待機している。この写真から永平寺駅はかなり勾配を上り
きった場所だったことが判る。◎永平寺　昭和47（1972）年8月　撮影：田中義人

【ホデハ201形（202）】夕暮れ時、ホームに明かりが灯り、参拝客を乗せた電車が金津に向けて出発する。福井に出るには東古
市で乗り換えになる。その後、電車は福井から直行するようになった。◎永平寺　昭和43（1968）年8月　撮影：田尻弘行

【ホデハ201形(201)】
鋼体化工事で生まれた車両で、窓が大きくなり、すこしスマートになったが、平凡な車両になった。昭和2(1927)年日本車輌製の木造ボギー車を改造した。
◎東古市
昭和39(1964)年11月
撮影:荻原二郎

【ホデハ223とホデハ231の
2両編成】
ステップのついたホデハ223とステップのないホデハ231ではドア床高さがかなり異なる。乗降の時ホームとの高さがずいぶん違い、戸惑うことだろう。現在ではぜったい許されない2両編成だ。
◎福井口
昭和38(1963)年5月
撮影:髙井薫平

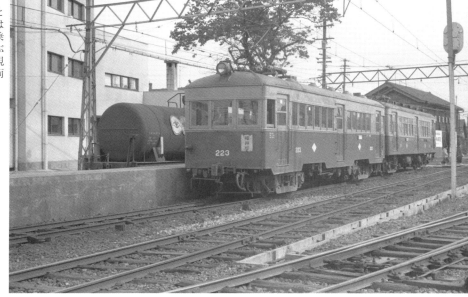

【ホデハ104ほか】
並走する国鉄北陸本線からとらえた。
◎金津~菅野
昭和39(1964)年9月
撮影:今井啓輔

ホデハ231形（231〜233）

　昭和12（1937）年川崎車輌製、ドア位置
など在来車に合わせながら窓が二段上昇式
で大きく、スマートないで立ちになった。そ
の後、正面窓のHゴム支持化など車体更新
が進んだ。

【ホデハ231】
運転席は中央にある。ホデハ1001形が入るまで、
京福福井の電車の多くがこのスタイルだった。
◎福井口付近
昭和38（1963）年5月
撮影：髙井薫平

【ホデハ231形（231）】
ホデハ231形同士のMM編成、
ただし1両はパンタグラフは降
ろしている。母線回路を連結し
ていたか、制御車代用だったか
は今となれば知る由もない。
◎西長田
昭和42（1967）年2月
撮影：荻原二郎

【ホデハ231形（232）】
急行運用を終えて福井駅の側線
に待機するモハ232、4両編成
のように見えるが。2両編成が
二組並んでいたのだろう。
◎福井
昭和40（1965）年4月
撮影：髙井薫平

ホデハ1001形（1001〜1003）

　昭和23（1948）年に日本車輌で生まれた18mクラスの車両で昭和23年6月28日に発生した福井地震の被害対応で、投入された車両といわれる。そのため同社では当時量産中だった運輸省規格型電車の名鉄モ3800形を両運転台にした構造で製造されている。制御方式が在来車と異なるため、単独で運用され、その後各社からの車両の流入で昭和55（1980）年にまずモハ1003が廃車になり、残る2両も、台車、電機品を阪神電鉄から来たジェットカー5101形の車体と組み合わせてモハ1101、1102に引き継がれた。なお、昭和49（1974）年、形式のホデハはモハに改めた。

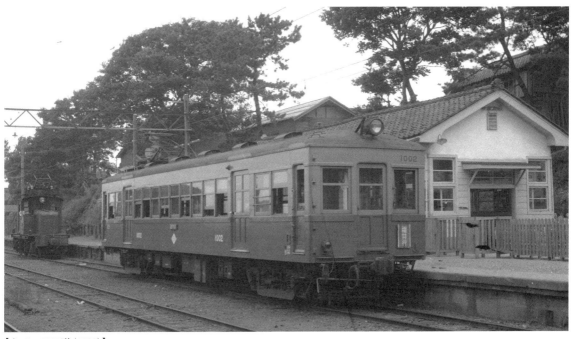

【ホデハ1001形（1002）】
ホデハ1001形は震災後の京福の救世主だった。収容力が在来車に比べ大きく、大活躍した。後方に国鉄から借り入れたED28が控えている。◎三国港　昭和32（1957）年8月　撮影：荻原二郎

【ホデハ1001形（1003）】
運転台前の窓はHゴム支持に変わり、阪神から来たクハ31を連れている。
◎福井
昭和45（1970）年7月
撮影：荻原俊夫

【ホデハ1001形（1001）】
◎福井口
昭和40（1965）年3月
撮影者：清水武

【ホデハ1000形（1003）】
福井駅を出て三国港に向かう。
◎福井　昭和40（1965）年3月　撮影：清水武

【モハ1001形（1001）】新塗装に変わったモハ1001、形式の呼称は前年ホデハからモハに変わっている。
◎福井口　昭和50（1975）年8月　撮影：髙井薫平

ホデハ241形（241〜244）

　京福電気鉄道発足間もない昭和19（1944）年、京都本社の叡山線ホデハ1形の4両が福井支社に移籍、ホクハ31形（初代）になったものを昭和24（1949）年に電動車化し、さらに昭和32（1957）年に日本車輌とナニワ工機で車体を新造した車両。両運転台式だが2両編成に組む連結面は貫通幌付き、先頭に出る面は非貫通式で、2両編成で使用されることが多かった。車内には転換クロスシートを設置、観光路線への意欲を感じるスタイルになった。

【ホデハ241形（241）】
この頃、国鉄気動車で採用されたHゴムを使って鋼体に直接窓ガラスの上部を固定する技法（いわゆるバス窓）が流行し、地方私鉄の新鋭車に広く普及した。京福のホデハ241形、251形もその一つだった。
◎福井口
昭和38（1963）年5月
撮影：髙井薫平

【ホデハ241形（241）】
◎福井口
昭和38（1963）年5月
撮影：髙井薫平

ホデハ251形（251〜254）

　昭和32（1957）年の福井口車庫の火災で焼失したホデハ11などを種車に、日本車輌製のホデハ241形と同じ車体仕様で誕生した。昭和63（1988）年には、モハ251と253はワンマン化改造され、ほぼ永平寺線専用となった。残る2両は平成3（1991）年に廃車されたが、この2両は車両近代化の渦中も生き残り、その後も長く活躍した。平成12（2000）年の正面衝突事故は、モハ251のブレーキ構造に起因するものとされ、2両ともえちぜん鉄道には引き継がれなかった。

【モハ251形（253＋254）】
◎勝山
昭和50（1975）年8月
撮影：亀井秀夫

【モハ251形（252）】
乗客の減少により単車運転が始まり、これまではめったに見せなかった幌付きの連結面が見られるようになった。
◎東古市
昭和50（1975）年8月
撮影：髙井薫平

【永平寺駅本屋】
◎永平寺
昭和53（1978）年7月
撮影：今井啓輔

【ホデハ251形（253）】
◎福井口
昭和43（1968）年6月
撮影：今井啓輔

【モハ251形（254）（新塗装）】
越前大野行き急行電車、モハ241、251形は車体新造車で特に性能的に優れていたわけではなかったが、転換式クロスシートのおかげか、急行運用によく入っていた。
◎東古市
昭和50（1975）年8月
撮影：髙井薫平

【モハ252＋モハ251】
永平寺参拝を終えた乗客を乗せた福井行きの普通電車。
◎永平寺〜市野々
昭和53（1978）年8月
撮影：髙井薫平

種々雑多なトレーラたち

【ホサハ17形（17）】
ホデハ103の電装解除車で客車として使用されたが、終端駅では機回り線を使った編成替えが行われていた。なおホデハの電装品はホデハ251に流用された。
◎福井口
昭和40（1965）年3月
撮影：髙井薫平

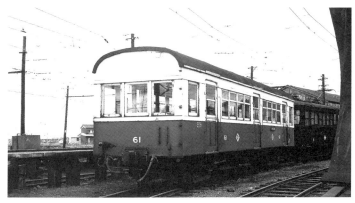

【ホサハ61形（61）】
旧車の改造名義で帝国車輌で昭和23（1948）年に生まれた。スタイルは当時国鉄向けに大量に生産されていたモハ63、サハ78を3扉にしたような車両だった。車掌室もなかったようで、もちろんドアエンジンはなかった。ある時期「ホクハ61」を名乗った記録があるが、制御車としての機能を持っていたかは疑わしい。
◎福井口
昭和32（1957）年
撮影：上野哲司

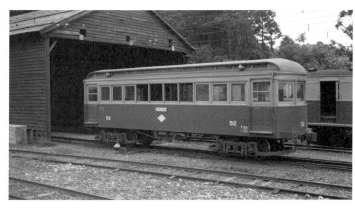

【ホサハ51形（52）】
京福電鉄嵐山線終点の嵐山から愛宕山のふもと、清滝間で3.4kmを結んでいた愛宕山鉄道は戦時中不急路線として営業を休止するが、使用されていた元新京阪P1形、5両のうちの2両が京福福井支社に着てホサハ51、52になり、残りの3両が京阪大津線に移籍した。
◎金津
昭和37（1962）年6月
撮影：荻原二郎

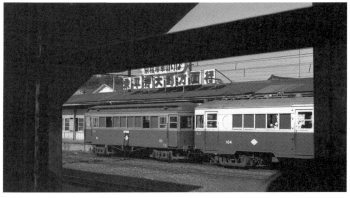

【ホサハ51形（51）】
北陸本線の客車の窓から撮影したホデハ104に牽かれるホサハ51。永平寺線では多客時にはトレーラを牽引した。
◎金津
昭和39（1964）年9月
撮影：今井啓輔

ホデハ301形（301〜304）

　元東京急行のデハ3250形（3254、3255、3256、3257）で池上電気鉄道の引継ぎ車である。池上電気鉄道は目黒蒲田電鉄を経て東京急行の一員となるが、戦後大手私鉄の地方私鉄応援車両供出の時、制御方式が他の東急電車と異なることから運用上に難があったため、東急からは旧池上の車両が多く選定されている。なお京福入りのきっかけは昭和23（1948）年6月28日に発生した福井地震被害の応援であった。ホデハ301、3が貫通式（元池上モハ100形）、ホデハ302、4が非貫通式（元池上モハ200形）と違いがあった。

　在来車に比べーまわり車体も大きく、収容力も大きかったこともあり、車体更新を受けながら結構長く使用された。

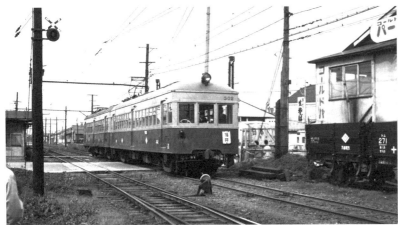

【ホデハ302＋ホデハ301】
貫通式のホデハ302と非貫通式の301の編成。京福電鉄が貫通扉を特に意識していなかった時代。
◎新福井
昭和38（1963）年5月
撮影：髙井薫平

【ホデハ301形（302）】
◎福井口
昭和32（1957）年9月
撮影：上野巌

【ホデハ301＋ホデハ302】
ホデハ301は貫通式の元池上電気鉄道デハ100形だった。
◎新福井
昭和38（1963）年5月
撮影：髙井薫平

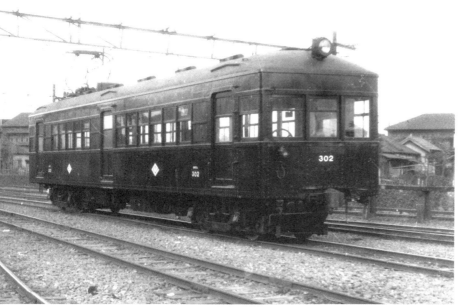

【東急雪ケ谷工場で旅立ちを
待つホデハ302】
◎昭和22（1947）年2月
撮影：久原秀雄（荻原俊夫蔵）

【モハ301形（303）】
運転台正面中央窓がHゴム支持
になり、新塗色になった。
◎福井口
昭和50（1975）年8月
撮影：髙井薫平

【モハ301形（301）】
もともとは貫通式だったが、
後に非貫通式に改められた。
かつて扉のあった位置のウ
インドヘッダーは貫通扉の
カーブに合わせている。運
転台は左側のままだ。
◎福井口
昭和50（1975）年3月
撮影：髙井薫平

大手私鉄からの車両導入

　昭和40年代になると、大手私鉄では新造車による整備が進み、はじき出すように一部の大手私鉄の中で、かつて使用した車両の地方私鉄への譲渡が盛んになってきた。最初は関東地区の大手が主体であっ

たが、のちに関西地区からの譲渡も増えてきた。京福福井支社の場合、関東勢が多く、関西勢からは阪神電気鉄道、南海電気鉄道から譲り受けている。

ホデハ281形（281〜284）

　昭和50（1975）年、元東京急行のデハ3300形（3306、3307、3308、3309）4両を譲り受け、10年ほど使用した。東急時代に車体更新が行われなかったモハ281形は、昭和54（1979）年に車体を更新、得

意のノーシル・ノーヘッダーにスタイルを一新（?）、2両固定編成で使用したが、昭和61（1986）年に廃車になった。

【モハ281形（284）】
東急時代編成の中間に使用されたため、貫通幌を持つ。もっとも京福に来てからこの幌を使用したシーンにはお目にかからなかった。
◎永平寺付近
昭和53（1978）年7月
撮影：今井啓輔

【モハ281形（283）】モハ283の連結面、東急時代に取り付けた42芯のジャンパ連結器が残っていた。
◎福井口　昭和50（1975）年8月　撮影：髙井薫平

【モハ281形（281）】この車は元東急3300形の雰囲気が一番残っていた。ただし台車はTR10系から日車のD型に変わっている。◎福井口　昭和50（1975）年3月　撮影：髙井薫平

ホデハ261形（261〜263）

　元京王帝都電鉄のデハ2400形（2402、2404、2408）で、同線の1500V昇圧に際して廃車され、昭和39（1964）年に入線した。京王線は軌間1372mmなので台車を1067mm用に改造している。ホデハ261とホデハ262がペアを、ホデハ263は元阪神電鉄861形のホクハ31形と編成を組んで昭和51（1976）年まで在籍した。

【ホデハ261形（262）】
永平寺には夜間駐泊用の小さな車庫があった。
◎永平寺
昭和39（1964）年1月
撮影：清水武

【ホデハ261形（263）】
◎福井口
昭和40（1965）年4月
撮影：髙井薫平

【ホデハ261形（263）】
◎大野口
昭和42（1967）年11月
撮影：田尻弘行

【京福電車の京福大野駅構内】
停車中の電車は元京王ホデハ
263と元阪神ホクハ33からな
る越前本線の列車。
◎京福大野
昭和42 (1967) 年5月
撮影：田尻弘行

【ホデハ261形 (261+262)】
元京王だけのMM編成。
◎昭和38 (1963) 6月
撮影：清水武

【ホデハ261形 (263)】
ドアは半開き、貨車とホサハ61
に挟まれてなんともしまらない
光景、しかもパンタグラフは上
がったままだ。
◎福井口
昭和40 (1965) 年4月
撮影：髙井薫平

ホデハ271形（271〜273）

元相鉄モハ1000形（1004、1005、1006）でその前は小田急電鉄のデハ1150形である。昭和40（1965）年に入線し、車体更新して使用されたが昭和62（1987）年までにすべて姿を消した。

【ホデハ271形（273）】
この写真から、相模鉄道から来た3両は中間電動車ホデハ272を挟み、編成を組んで使用されていたと読み取れる。
◎三国港
昭和42（1967）年5月
撮影：荻原二郎

【横浜から着いたばかりの相鉄モハ1004】
後にホデハ271として戦列に加わる前の姿。
◎福井口
昭和40（1965）年4月
撮影：髙井薫平

【モハ271形（271）】
車体は更新工事がなされてノーシル・ノーヘッダー、窓は二段上昇式になった。
◎福井口
昭和52（1977）年3月
撮影：髙井薫平

モハ2001形（2001〜2016）

南海電鉄モハ1201形が前身で、京福電鉄近代化に一役かった。

南海電鉄が1500V昇圧の時昇圧工事に対応できなかった車両が多く用途不要になり、京福にやってきたうちの1形式。車体の老朽化のため、昭和60（1985）年に阪神電鉄のジェットカー5231形の車体に載せ替えられ、形式も2101形と改められた。一部は両運転台化、冷房化改造もされた。えちぜん鉄道にはMC2101形として14両が引き継がれるもすでに廃車されている。

【三国港から福井行のモハ2016が到着した】
モハ2001形は同じスタイルのモハ2001形同士で2両編成を組んで使用された。
◎福井口
昭和52（1977）年
撮影：田中義人

【モハ2001と2015】
モハ2001形は南海電鉄では汎用の車両として大活躍した。初期の車両は大きな窓を持つ軽快なスタイルだったが、その後一回り小さな下降式の一段窓になり、そのスタイルはロマンスカー11001系まで続いた。
◎三国港
昭和53（1978）年7月
撮影：今井啓輔

【モハ2001形（2004）】モハ2004は上昇式の大きな窓で初期型。
◎福井口　昭和52（1977）年　撮影：田中義人

【モハ2003＋モハ2004】下降窓のモハ2003と後ろは初期の製造タイプで窓が上昇式のモハ2003。
◎東古市　昭和50（1975）年8月　撮影：亀井秀夫

モハ3001形（3001〜3008）

　かつて一世を風靡した南海電車のモハ11001系である。車齢は新しかったが昇圧工事の対象から外れ、全車が廃車になり、昭和48（1973）年に8両が福井にやって来た。越前本線で急行列車に充当されたが、勝山以遠にある下新井トンネルが通過できず、勝山以遠の廃止を速める一因にもなった。

　モハ3001〜3006は正面2枚窓の湘南型、モハ3007、3008は貫通型であったが、後に貫通型も正面2枚窓の非貫通型に改造されている。さらにワンマン運転に対処して、運転台寄りの客用扉を車端に移設し、かつての風格あるスタイルは失われた。全車えちぜん鉄道に引き継がれたものの老朽化と長期にわたる休止が禍いし、再起できなかった。

【モハ3007＋モハ3008】
転換クロスシートの40分の旅が始まる。
◎福井口
昭和52（1977）年3月
撮影：髙井薫平

【福井口の配線】
勝山方面行の列車は三国芦原線の上り線を横切り、やがて九頭竜川に沿って勝山に向かう。モハ3008＋モハ3007。
◎福井口　昭和52（1977）年3月　撮影：髙井薫平

【モハ3001形（3003＋3004）】
ワンマン化改造前の南海電車時代を彷彿させるモハ3003＋モハ3004。
◎福井口
昭和52（1977）年8月
撮影：髙井薫平

【モハ3001形（3007）】
モハ3001形唯一の貫通式だった3007編成は、自社工場で貫通路を埋めて非貫通に改造した。流線型にしなかったので半流のまま非貫通2枚窓にしたので少し変わったスタイルになった。
◎福井口
平成元（1989）年9月
撮影：髙井薫平

【ワンマン対応で改造されたモハ3007】
ワンマン対応のため運転台付近を改造、客用扉は移設された。ただかつての扉を窓として利用したので、スタイルは悪くなった。
◎福井口
平成13（2001）年5月
撮影：田中信吾

ホクハ31形（31〜33）

老朽化したホサハ19、21、22の代替として阪神電気鉄道の861形867、875、877を譲り受けて制御車にした。軌間の異なる車両だから、台車は旧車のものを活用した。面白いのはもともと両運転台式であったからこれを生かした制御車に改造、在来車の制御車にした。その際福井方には電空カム対応の主幹制御器を、大野、三国港方にはHLの主幹制御器を取り付けて、連結位置を変えれば多くの電動車に対応できるようにした。

【ホクハ31形（32）】
かつて阪神861形として一世を風靡した電車で、851形の増備車として昭和12（1937）年に登場した。車体の組み立てはリベットに依らない全溶接工法を採用していた。
◎福井口
昭和40（1965）年4月
撮影：髙井薫平

【ホクハ31形（33）】
ドア間の幕板に設けられた明かり窓は、この電車の特徴を際立たせた。福井に来てからも元阪神電車の特徴はそのまま残されていた。
◎福井口
昭和40（1965）年4月
撮影：髙井薫平

【ホクハ31形（31）】
車体幅が2360mmと狭いため、客用扉には張り出しステップが取り付けられた。
◎福井口
昭和38（1963）年6月
撮影：清水武

【ホクハ31の前頭部】「理髪店の入り口」あるいは「しゃれた喫茶店の入り口」と称された阪神電気鉄道の伝説的電車。シックな両開き式の貫通扉やクラシックな尾灯などは、雪国にやってきても健在であった。
◎福井口　昭和40（1965）年 4 月　撮影：髙井薫平

モハ1101形（1101～1103）

　昭和56（1981）年に阪神電鉄のジェットカー5101形（5108、5109）の車体を購入してモハ1001、1002の下回りと組み合わせて生れた。なお改造の時に中扉を埋めて2扉車になった。その後、平成10（1998）年に豊橋鉄道が1500Ｖ昇圧時に不要となった、同社のモ1900系（元名鉄モ5200系）が使用していた国鉄101、111系の電機品、台車を使用して冷房化、カルダン駆動化された。正面衝突事故でモハ1101が廃車となり、残るモハ1102はMC1102としてえちぜん鉄道に引き継がれたが、すでに廃車になっている。

【モハ1101形（1102）】
元阪神のジェットカーだが、走り装置、電気関係も大きく変更されている。3扉の2扉改造はこの2両のみに終わった。
◎永平寺　平成15（2003）年5月　撮影：田中信吾

モハ2201形（2201～2204）

　阪神電鉄の3301形が前身。昭和61（1986）に全4両が入線した。軌間が違うので車体だけを譲り受け、国鉄101系の台車、電動機を使用した。京福福井支社における初の冷房車であった。モハ2201が正面衝突事故で廃車となり、残る3両がMC2201形としてえちぜん鉄道に引き継がれるもすでに廃車されている。

【モハ2201形（2201）】
この車はのちに正面衝突事故に巻き込まれて廃車された。
◎東古市
平成元（1989）年9月
撮影：髙井薫平

【モハ2201形（2204）】
◎福井口　昭和52（1977）年　撮影：田中義人

【モハ2101形（2106）】モハ2101形は片運転台、2両編成で使用された。なお、真ん中の扉は埋めて2扉車になっている。なお、足回りについては阪神電車が標準軌であるので当然はき替えられているが詳細は巻末諸元表をご覧にいただきたい。
◎福井口　昭和50（1975）年3月　撮影：髙井薫平

【福井口の風景１】右から京福オリジナルのホデハ202（車体更新車）真ん中は関西代表、元阪神ホクハ32、左は元京王帝都、関東代表のホデハ263、その左に元南海のモハ2014がのぞいている。◎福井口　昭和47（1972）年８月　撮影：田中義人

【福井口の風景２】左からテキ531電気機関車、連結面を見せる元南海のモハ2000形、右側は京福名物テキ20型電気機関車。
◎福井口　昭和50（1975）年８月　撮影：髙井薫平

電気機関車

テキ501形（501）

　元庄川水力電気の専用鉄道の「庄水5」凸型の癖に機器室を左右に分けて通路を設けた独特の凸型電気機関車。昭和10（1935）年の福井口の車庫火災の翌年に越前本線に入線した。兄弟が富山地方鉄道射水線にもいた。

【テキ501の牽く貨物列車】◎東古市　昭和39（1964）年11月　撮影：荻原二郎

【横から見たテキ501】かなりあちこちに傷みが見られたがなんとも風格があった。あまり同類の機関車にお目にかかったことはなく、しばらく見とれていた記憶がある。電気機関車としては古典ロコの範疇にはいるだろう。
◎福井口　昭和38（1963）年5月　撮影：髙井薫平

【正面から見たテキ501】凸型機関車で中央通路がある。機器室は左右に分かれている。確かこのような電気機関車は近鉄にもいた記憶があるが僕は見ていない。
◎福井口　昭和38（1963）年5月　撮影：髙井薫平

テキ510形(511、512)

国鉄信越本線横川〜軽井沢間野アプト区間が電化された時に導入された、ドイツ、アルゲマイネ製のアプト式機関車EC40形(EC401、402)である。入線にあたって片側のボンネットを撤去、平妻に なった。テキ511は鉄道記念物として保存されることになり昭和39(1964)年に廃車され、大宮工場で元の姿に復元されて現在軽井沢駅構内に保存されている。テキ512は昭和45(1970)年に廃車。

【テキ512の牽く貨物列車】
EC40が結構長い貨物列車を牽引して現れた。
◎新福井
昭和42(1967)年9月
撮影：荻原二郎

【テキ511形(511)】
国鉄線と貨車の授受を行う新福井駅構内に待機中。今、鉄道記念物として軽井沢駅構内にあるのはこの機関車である。
◎新福井
昭和38(1963)年5月
撮影：髙井薫平

【テキ511の2エンド】
京福に来てからEC40は一端のボンネットを撤去して入替作業に適したデッキに改造された。その後記念物として復帰した時、新しく作り直された。
◎新福井
昭和38（1963）年5月
撮影：髙井薫平

【テキ531形（531）】
宮城電気鉄道が昭和17（1942）年に東芝で製作した35トン機ED353。戦時買収で国鉄ED351となり、昭和36（1961）年にED281に改番され、豊橋機関区で廃車後、昭和39（1964）年から使用されたが、譲受時に1500Vから600Vへの降圧工事が行われた。
◎福井口
昭和40（1965）年1月
撮影：髙井薫平

【テキ531形（531）】
かつてデキ511が常駐して居た場所に新しい顔がやって来た。だが京福から貨物列車が消える日もそんなに遠くなかった。
◎新福井
昭和50（1975）年8月
撮影：亀井秀夫

テキ520形（521、522）

戦後、貨物輸送の増強と除雪用に、昭和24（1949）年に作られた凸型電気機関車。平凡な凸型電気機関車だが貨物輸送がなくなった現在、降雪期には大きなスノウプロウを付けて待機する。えちぜん鉄道に引き継がれた数少ない電気機関車で、同社のML521形として今も現役である。

【テキ521の牽く貨物列車】◎小舟渡～保田　昭和51（1976）年9月　撮影：佐藤嘉春

【テキ521形（522）】◎新福井　昭和50（1975）年8月　撮影：亀井秀夫

【テキ521形（521）】
冬に備えてスノープラ
ウを取り付けている。
◎福井口
平成元（1993）年9月
撮影：髙井薫平

【フラットカーに積まれた
電気機関車用スノープラウ】
冬になるとテキ521に取り付けられる。
◎福井口
昭和40（1965）年1月
撮影：髙井薫平

【借入中のED282】
貨物の輸送量が増えたのか国鉄から
元豊川鉄道買収のイギリス製ED282
を借用している。京福電鉄より返還
されたのち、遠州鉄道に払い下げら
れている。
◎昭和32（1957）年8月
撮影：荻原二郎

テキ7形（7～9）

　電気機関車のような荷物電車のような京福特有の車両、ほかに例は見ない。テキ7形（7～9）はテキ6と同時に製造された。電機品のうち制御器が東洋電機製に変更になった以外は大きな差はない。晩年は本線運用から引退し、福井口の入換え用に使用されていた。最盛期この仲間は、3年後に増備されたテキ10、11を合わせて6両を数えたが昭和10（1935）年の福井車庫の火災と戦災で3両（テキ8、10、11）が失われている。

　昭和40年代の路線短縮の結果、貨車入換業務が激減したことで姿を消した。

【テキ7形（9）】
◎京福大野
昭和33（1958）年8月
撮影：荻原二郎

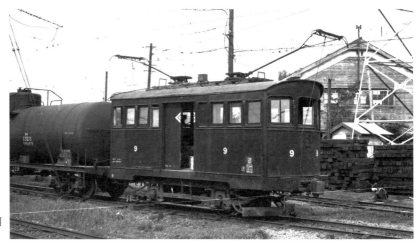

【テキ7形（9）】
◎福井口
昭和42（1967）年6月
撮影：今井啓輔

【油槽所に入るタンク車の入換え仕業中のテキ9】
◎福井口
昭和38（1963）年5月
撮影：髙井薫平

テキ6形（6）

　大正9（1920）年、梅鉢鉄工所で生まれた。前後に深い曲線を持つ独特な箱型で、形態的には電動貨車に近い。台車はブリルの単台車、電機品はGE製。本線運用を失ったことで平成5（1993）年に一旦は車籍を失ったものの福井口の入換用として稼働していた。京福時代末期の平成11（1999）年に車籍が復活した。えちぜん鉄道に引き継がれたものの、間もなく車籍を再度失い、現在は勝山駅に保存され、時々構内を展示走行する。

【車体更新後のテキ6】
◎勝山
昭和39（1964）年6月
撮影：清水武

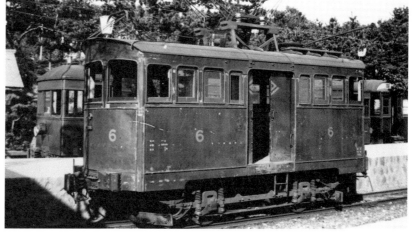

【テキ6形（6）】
昭和13（1938）年撮影の貴重な写真で、この頃集電装置はＹゲルとともに車体中央にやぐらに載った小さなパンタグラフを付けている貴重なシーンである。
◎昭和13（1938）年8月
撮影：裏辻三郎（荻原俊夫蔵）

【テキ6形（6）】
更新修理が終えた晩年姿、何故か白帯を巻いている。
◎福井口
平成元（1989）年9月
撮影：髙井薫平

【テキ20の貨物列車】
昭和10（1935）年の車庫火災で
焼失したテキ8の機器を使っ
て翌年生まれた車両で、番号
は新しくテキ20になった。更
新工事は加藤車輌で行われた。
昭和50（1975）年に廃車。
◎芦原
昭和42（1967）年5月
撮影：荻原二郎

【テキ20とテキ6】
共に更新工事が終わっている。
◎福井口
昭和42（1967）年2月
撮影：田尻弘行

【テキ20の牽く貨物列車】
◎東古市
昭和39（1964）年11月
撮影：荻原二郎

デワ8形（8）

　この車両はほとんど幻のような小型車である。元は大正11（1922）年に名古屋電車製作所製の黒部鉄道デ2である。黒部鉄道が富山電鉄に合併された直後に丸岡鉄道に譲渡され、丸岡鉄道が京福電鉄合併後デハ8に改番、福井地震で被災して廃車された。しかし、永平寺大遠忌輸送に駆り出すために昭和27（1952）年に車籍を復帰。大遠忌輸送終了後はテワ8として、福井口の入れ替えで使われていた。昭和44（1969）年に廃車された。

◎福井口
昭和38（1963）年5月
撮影：髙木薫平

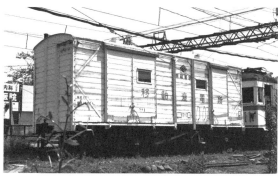

【移動変電所ワラ1】移動変電所という車両（？）は大戦後電力事情がまだ不安定だった時代、変電所の緊急対応用に多くの鉄道で用意された施設だが、その活躍については良く判らない。そしていつの間にか姿を消している。
◎福井口　昭和50（1975）年8月　撮影：亀井秀夫

【福井口にあった油槽所の入換え機関車】スパークを恐れて油槽所構内には架線がなく、専用のディーゼル機関車が用意されていた。
◎福井口　昭和50（1975）年3月　撮影：髙井薫平

【デハ1形（1）】
永平寺鉄道開業に合わせて製造された2軸車で、大正14（1925）年加藤車輌製。その後ボギー車に改造されたが車体に手は加えず、晩年は福井口で入れ換え用になっていた。
◎福井口
昭和38（1963）年5月
撮影：田尻弘行

京福電気鉄道の名前の謎 佐竹雅之

1.はじめに～京福とは～

　千年の都、京都洛中の北西部四条大宮から観光地嵐山を目指す電車がある。京福電気鉄道である。多くの観光客が今も集まるこの電車だが、その名前に疑問を感じる観光客も少なくないだろう。京福？京都は分かるが、福とは？

　京福電気鉄道は「京」都府と「福」井県を路線範囲とした鉄道である。本書を読む多くの方にとっては、改めて説明をするまでもないことだろう。しかし、ふとその名称に着目してみると、奇妙な点に気が付く。

　1点目が、路線範囲が県境を跨いでいること。大手私鉄を除けば、地方私鉄の路線範囲はそのほとんどがひとつの都道府県に収まることが多い。その理由は後述するが、京福電気鉄道のように複数の府県に路線範囲を広げた地方私鉄は非常に少ない。

　2点目が、京都と福井を結ぶ路線があったどころか、計画すらなかったこと。鉄道路線というのは離れた拠点間を結ぶ交通機関なので、名づける場合に両拠点の地名から漢字1字ずつを拾って組み合わせるケースがある。しかし京福電気鉄道は、あくまでも路線範囲を表したに過ぎないのである。

　このように京福電気鉄道の名前は、他の地方私鉄とは異なるのである。そこで本稿では、その名前の謎を紐解くとともに、京福電気鉄道の昭和史を振り返ってみたい。

2.京都電燈と琵琶湖疎水 ～黎明期のわが国の電力事業～

　京福電気鉄道の社紋を図1に示す。右廻りにトグロを巻いた菱形の紋章で、菱形雷紋と呼ばれる。雷紋とは、古代中国から受け継がれてきた紋章で、中華料理の器に使われることでも有名であるが、別名稲妻紋ともいう。そして雷紋は近代では電気を意味することになる。この菱形雷紋は京都電燈の社紋でもあった。京都電燈というのは、戦前に存在した電力会社である。戦後は日本全土を9つの地域に分割して、それぞれに電力会社を配置して発電・送電・配電を行うという現在も続く電力体制、いわゆる「9電力体制」となった。近年は電力自由化により徐々にその体制は変化をしているが、基本的にはこの体制である。一方戦前は、大小様々な電力会社が各地域に存在した。京都電燈は、その名の通り京都の電燈を灯す電力会社として始

まった。電力会社としては日本で4番目となり、開業は明治22（1889）年。高瀬川の西側の自社敷地内に石炭火力発電所を設置して、直流方式による近距離低圧送電を行った。

　ところで現在の送電は高電圧の交流方式が多い。交流方式のメリットとして最も大きなものは、使用する電力に合わせて容易に変圧が可能なため、高電圧（数万V以上）で送電して使用先の需要に合わせて変圧をすることで送配電コストが安く済むことである。送電による電圧降下は直流も交流も生じてしまうが、交流であれば高電圧で送電できるためその損失の割合を下げることが出来る。一方、直流送電の場合は変圧に大きな設備が必要である。そのため、使用先の需要によって電圧（例100Vや200V）で送電することとなり、そうなると送電時の損失割合は小さからぬものとなってしまうのだ。ともあれ、千年の都、京都の街にも電灯という近代文明の明かりが灯ったのだ。

　ここで琵琶湖疎水に触れる。琵琶湖疎水とは琵琶湖の水を京都市内に水を引き込む為の疎水で、計画は江戸時代の豪商、角倉了以の頃からというから、実に200年越しであった。疎水の目的は灌漑、上水、水運そして水車動力として、第3代京都府知事の北垣国道によって計画された。京都は幕末の動乱で洛中に大きな被害を受け、また東京への奠都により京都から多くの文物や人材が流出したため、これの立て直しを図る一手でもあった。

　この疎水の主任技術者として登用されたのが、田邉朔郎である。明治18（1885）年に琵琶湖疎水は着工され、その5年後に竣工した。竣工式には明治天皇と皇后の臨席も仰いだというからその力の入れようと、この疎水に掛けた京都の人々の思いの強さが窺い知れるだろう。

　ところで田邉と上下京連合区会（後の京都市会）議員の高木文平はこの工事中の明治22（1889）年に渡米視察をしている。目的は疎水の水力利用についてである。先述したように疎水はあくまでも灌漑、上水それに前近代から使われていた水車の駆動源として考えていたのだが、これを近代の新しいエネルギーとして利用することが出来ないかと考えたのだ。

　この渡米視察は非常に収穫が多く、特にダムや運河の水力利用で世界的な製紙の町となったホルヨーク（マサチューセッツ州）や世界初の水力発電を実現

したアスペン鉱山を視察したことで疎水を用いて水力発電を行うことを考案し、疎水竣工のわずか翌年にわが国初の水力発電所、蹴上発電所が設置された。

蹴上発電所は市営であったが、京都電燈はこの蹴上発電所から受電をすることとして同時に送電方式を高電圧の交流に変更した。間もなく本社敷地内の火力発電所は廃止された。明治25（1892）年のことである。

ここで発電された電力を使って運転を開始したのが、京都電気鉄道（後の京都市電）の路面電車だった。開業は明治28（1895）年の2月。同年は近代になって初の対外戦争、日清戦争に勝利した年でもあり、まさに日本が強国として発展していくターニングポイントの年だった。京都電気鉄道の社長には、田邉と共に渡米視察をした高木が就任した。京都電燈の蹴上発電所からの受電は、自社発電所が充実した大正元（1912）年まで続いた。

京都電気鉄道は、本書のテーマではないので詳しくは述べないが、その建設には2つの側面がある。一つは、電車という新たな交通機関により、京都という街の復興の柱とすること。もう一つが、電力の使用先の確保である。この二つ目の「電力の使用先の確保」というのが、実は黎明期のわが国の電力会社では大きな

テーマであった。現代のように家電が登場する前の時代では、一般家庭で使用される電力の用途は電灯だけである。そして電灯は昼には使わないので、自然と夜間に電力消費が集中するのだ。しかし、電力というのは発電してしまったらそれを貯めておくことが出来ない。そうなると、昼間に電力を使ってもらう使用先を探すことになるのだが、まだ明治も半ばを過ぎた頃、そうオイソレと都合の良い電力の使用先が見つからないことも少なくなかった。そうした場合、多くの電力会社が採った策が、電気鉄道を営業するというものだった。電気鉄道は主に昼間に多くの電力を消費するだけでなく、その輸送によって運賃収入を得ることが出来る。まさに一石二鳥の策なのだ。

京都電燈も他の電力会社と同様に昼間発電電力の使用先として、大正3（1914）年に電気鉄道を開業した。しかしその第一号は京都ではなくて福井だった。実は京都電燈は蹴上発電所からの受電に切り替えて、自社の火力発電所を廃止した時期と前後して福井県の足羽川の水力発電事業に着手していた。鉄道の名前は越前電気鉄道で開業区間は新福井〜市荒川（現・越前竹原）である。その後越前電気鉄道は4年を掛けて、新福井〜大野三番（後の京福大野）までを全通さ

京福電鉄の社紋。◎東古市　昭和39（1964）年11月　撮影：荻原二郎

蹴上にあった発電所。◎令和4（2022）年12月　撮影：佐竹雅之

堀川通りを走るN電。◎昭和31（1956）年7月　撮影：上野巌

芦原駅に到着する国鉄三国線のC12牽引列車。◎昭和32（1957）年8月　撮影：荻原二郎

せた。現在のえちぜん鉄道永平寺勝山線の元となった路線である。（国鉄線との連絡、福井〜新福井の開業は昭和4（1929）年まで持ち越し）また、えちぜん鉄道のもうひとつの路線、三国芦原線も三国芦原電鉄として昭和3（1928）年に福井口〜芦原（現・あわら湯のまち）を開業しているがこれにも京都電燈が経営に参画している。そのため早くも開業の翌年には、芦原〜三国町（現・三国）を延伸するとともに、越前電気鉄道の福井〜福井口にも乗り入れるようになった。同時に福井〜福井口は複線化された。

　京都の電気鉄道の営業開始は、越前電気鉄道開業の4年後の大正7（1918）年だった。これは京都電燈自社で開業したものではなくて、既に開業していた嵐山電車軌道（京都（現・四条大宮）〜嵐山）を神戸川崎財閥から買収したものであった。京都電燈直営の自社線としての開業は、大正14（1925）年の叡山線である。京都市電今出川線に接続するように出町柳〜八瀬（現・八瀬比叡山口）が一挙に全通した。年号が変わり昭和3（1928）年には京都電燈の子会社、鞍馬電気鉄道を設立して翌年までに現在の鞍馬線山端（現・宝ヶ池）〜鞍馬の全線も開業した。そして越前電気鉄道と三国芦原電鉄の関係のように、鞍馬電気鉄道も全通と同時に叡山線の出町柳まで乗り入れるようになった。

　ちなみに京都電燈は当初の電力の使用先の確保という目的から発展して、周辺の交通機関の掌握や観光開発も狙うようになり、比叡山の観光開発路線として鋼索線（現在の叡山ケーブル）、架空線（現在の叡山ロープウェイ）を昭和初期に開通させ、昭和10年代には洛北地域のバス路線（現・京都バスの母体）も参画に収めた。

　現代では、電力会社は発電・送電・配電を生業とする企業という認識をされる方が殆どだろうが、戦前の電力会社は電力事業のみならずそこから関連する様々な業種も経営する、コングロマリットのような会社が少なくなかったのだ。戦前の主な電力会社とそれに関わる鉄道会社の一覧を表1に示す。高瀬川のほとりの1基の石炭火力発電所から始まった京都電燈は、京都府と福井県の電力事業のみならず、福井県の電気鉄道と洛北地方の交通機関を一手に抱える大企業へと成長した。そんな京都電燈に時代の波が押し寄せる。

3.京福電気鉄道の成立
〜2つの国策による落とし子〜

　電力会社が鉄道事業を営む一方、鉄道会社により自社で使用するための電力を発電するために、電力事業を行う例もあった。また蹴上発電所がずっと京都市営だったように、地方自治体による発電事業も行われており、現在にくらべて戦前の電力体制は非常に複雑だった。これでは全国に安定した電力を供給することが困難であり、かつ総力戦体制を見据えると非常にネックとなってきた。

　京都電燈が洛北地方のバス路線を手中に収めた昭和10年代になると、来る戦争に備えるためあらゆる制度が戦争のために整えられ、また変化させられていっ

た。そのひとつが電力の国家管理である。電力の国家管理に関する詳細な記述はその専門書に譲ることにして本稿では京都電燈および京福電気鉄道に関係する項目のみとする。

電力の国家管理については早くも大正の半ばから一部の議員や官僚によって提唱が始まっていたが、それが戦争準備という大義によって、強力に推し進められていった。電力の国家管理化は二段階のステップを介して行われた。第一段階は発送電事業の集約である。電力事業には大きく分けて、発電、送電、配電の３つの事業がある。そのうち発電と送電を半官半民の日本発送電に集約し、これに各電力会社が出資する形をとった（電力管理法）。これにより京都電燈も発電と送電事業を失うこととなった。昭和16（1941）年のことである。また小規模事業者の整理も進められた。京都電燈は巨大な電力会社だが、その一方零細な電力会社も当時は全国各地に存在した。これを大会社に合併させることとなった。これに基づき、京都電燈は福井電力や南越電力といった電力会社を合併していった。第二段階は、残った配電事業の集約である。配電事業については、日本列島を９つのエリアに分割して、

その地域ごとに配電会社を設置してこれに請け負わせることになった（配電統制令）。ちなみにこの９つの配電会社というのが、戦後の「９電力体制」の元になった。京都電燈の配電地域であった京都府は関西配電（現・関西電力のベース）に、福井県は北陸配電（現・北陸電力のベース）に割り当てられることになった。これで唯一残った配電事業が消滅することで京都電燈の電力事業はすべて失うことになったため、残る鉄道事業を引き継ぐ会社を用意する必要が生じた。こうして設立されたのが京福電気鉄道である。すでに開戦した昭和17（1942）年の3月のことだった。京福電気鉄道発足時に引き継いだ路線は、京都府内の叡山線（出町柳〜八瀬）、嵐山線（四条大宮〜嵐山）、北野線（帷子ノ辻〜北野）と福井県内の越前本線（福井〜大野三番）である。

ちなみに、会社名に使われた「京福」だが、これは京都電燈が設置した送電線「京福連絡線」の名前から採っている。京福連絡線とは京都府と福井県の電力需給のバランス調整のために昭和14（1939）年に全通した送電線である。京都府内はあまり電力を使用する大口の産業が少ないが、祇園等に代表されるように花

三国付近の路線の変遷

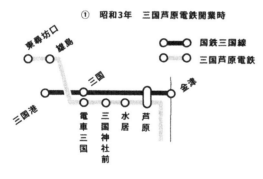

③ 昭和21年　国鉄三国線復活

昭和25年までは、芦原〜三国港を国鉄の列車が京福線へ乗り入れ

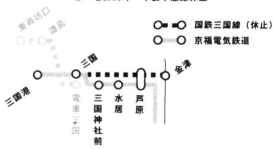

④ 昭和47年　国鉄三国線廃止

街等で夜間の電力需要が高まる。一方福井県は大口の産業が多く、夜間の電力需要が少ないという丁度正反対の関係にあるため、この連絡線を使って双方で発電された電力を融通し合うことを目的としたのだ。

総力戦体制のために電力の国家管理化が進められる一方、交通機関そのものも再編成がなされることになった。それが陸運統制令である。地方交通機関を国主導で統合して、その効率化と合理化（場合によっては不要不急路線を指定して営業停止も行う）を図るというものである。この統合範囲は、各都道府県を更に細分化した地域単位でまとめられ、中核となる事業者が域内の小事業者を吸収合併していった。この中核となる事業者は、鉄道があれば大体鉄道会社が選定されることが多かった。そのため地方私鉄は、県境を跨ぐ事業者が殆ど無く、またそのまま戦後も合併したまま残った。大手私鉄の合併（例えば、いわゆる大東急など）は、戦後に再分割されたが地方私鉄の場合は再分割された例は殆ど無いのが対照的である。その結果地方私鉄は自社内に多くのバス路線を抱えることとなり、これによって昭和30年代から始まるモータリゼーションの時代にバス転換が容易だったため、まだ輸送量が多いにも関わらず廃止される路線が生ずる遠因ともなった。

福井県は嶺北地方（福井・坂井・奥越地区と丹南地区の2つ）と嶺南地方ごとに事業者の集約がなされることになった。福井・坂井・奥越地区は京福電気鉄道が、丹南地区は福武電気鉄道（現・福井鉄道福武線）が主体となって周辺の交通事業者を統合していった。福武電気鉄道は本書で取り上げたように、鯖浦電気鉄道（後の鯖浦線）を合併した（南越線となった南越鉄道は陸運統制令の発令前に福武電気鉄道に合併）ため営業範囲は福井県を越えることは無かった。一方京福電気鉄道は京都電燈の京都府内の鉄軌道線も引き継いでいたため例外的に複数の府県に跨る地方鉄道となった。京福電気鉄道は発足から半年足らずで、京都電燈が間接的に経営をしていた鞍馬電気鉄道と三国芦原電鉄も合併した。そして昭和19（1944）年12月に、永平寺鉄道と丸岡鉄道を合併し、京福電気鉄道の鉄道線網が揃うことになった。こうして京都電燈は主力の電力事業は日本発送電と配電会社へ、鉄軌道線は京福電気鉄道へ、すべての事業を譲渡することとなり昭和19（1944）年までに清算されて消滅した。

閑話休題、ここで三国線について触れておく。三国芦原電鉄が開業する10年以上前の大正2（1913）年、三国港と金津（現・芦原温泉）を結ぶ国鉄線として建設された。当時は三国港が北陸地方の有数の港だったので貨物専業であったが、三国〜三国港は旅客輸送を季節営業していた。ところが三国芦原電鉄が開業する。三国芦原電鉄は三国から更に先の景勝地、東尋坊まで線路を伸ばしたこともあり、三国線の需要は低迷をしてしまった。そして昭和19（1944）年に、陸運統制令による不要不急線に指定されてしまった。これに先立つ1年前、専ら観光用途しかなかった電車三国〜東尋坊も不要不急線の指定を受け営業休止をした。そこで京福電気鉄道は、休止になった国鉄三国線の三国〜三国港を電化の上で線路を繋いで乗り入れをするようになった。

戦後、国鉄の三国線が復活すると、すでに京福電気鉄道となっていた三国〜三国港に乗り入れるという形態をとることとなったが、昭和47（1972）年に、今度はいわゆる赤字83路線廃止運動のなかで姿を消した。三国付近の路線の変遷を図2に示す。

京福電気鉄道の戦後史
〜短い栄光の期間〜

京都電燈が保有および間接的に経営に参画していた数多くの路線に加え、戦時中の陸運統制令による合併で丸岡、永平寺線が加わることで営業キロは120kmを越え、地方私鉄としては指折りの規模を誇る会社となった京福電気鉄道の戦後史を見てみよう。なお本書は、福井県の鉄道がテーマなので記述は主に福井県側の事項について記す。

京福電気鉄道は広い営業範囲を持つことになったので、京都府側を京都本社、福井県側を福井支社として営業をすることになった。福井支社は、越前本線、三国芦原線、永平寺線、丸岡線の4路線があったが、まだ戦後の落ち着きが取り戻される前に、大きな悲劇に見舞われた。福井地震である。昭和23（1948）年6月28日に丸岡付近が震源地の、死者が3000人以上も出るほどの規模で、戦後復興途上の福井に甚大な被害をもたらした都市直下型地震である。震源地に近かったこともあり、この地震で京福電気鉄道の路線のうち、丸岡線全線と永平寺線の金津〜油そして三国芦原線の福井口〜本荘の軌道が破壊された。被害は酷いものだったが、当然この時代鉄道に代わる交通機関がある筈もなく、資材も乏しい時代であったが間もなく全線復旧された。しかしこの復旧費用は巨額なもので、この時の負債が昭和30年代から始まるモータリゼーション時代に、ボディブロウの用に経営に影響を与えた。特に被害区間の丸岡線と永平寺線はそもそも

輸送量が多くない路線のため、モータリゼーションの影響が大きく、震災復旧に巨額の費用を掛けたこともあり、その負担は徐々に大きくなっていった。

　福井支社の経営合理化のため、まず丸岡線が姿を消した。昭和43（1968）年7月のことだった。丸岡線に続くように、永平寺への観光需要が見込まれる東古市〜永平寺を残して、永平寺線の大部分が昭和44（1969）年9月に廃止となった。

　廃止はまだ続く。越前本線は福井から京福大野を結んでいたが、丁度これは国鉄の越美北線と並行する。どちらも輸送量は減少の一途を辿っていたが、越前本線にはひとつ大きなネックがあった。それは下新井トンネルである。越前電気鉄道が大正13（1924）年に穿孔したトンネルだが、工事費を削減するために当時の小型電車（14m級）のサイズで掘削をしていた。

　丸岡線、永平寺線という不採算路線の整理がひと段落したころ、生き残らせる越前本線と三国芦原線は電車の近代化計画がすすめられた。そこで候補となったのが、南海電気鉄道の11001系である。南海電気鉄道は昭和48（1973）に旧和歌山鉄道の貴志川線を除く区間の1500V昇圧を実施した。この時昇圧工事が出来ない老朽車を中心に多くの電車が廃車となったが、11001系もこの廃車対象車となっていた。11001系は最も新しいものは昭和37（1962）年製という車齢10年程度の非常に若い車両もあったが、600Vで専用の電装品で構成されていたため1500V化が困難だったのだ。元は和歌山本線の特急にも使用されたクロスシート完備のハイレベルな車両を、京福電気鉄道は観光輸送用に導入しようとした。しかし11001系は20m級の大型車で、当然下新井トンネルは通過できない。

◎福井口
昭和52（1977）年3月
撮影：髙井薫平

そこでこれを契機に輸送量が小さい下新井トンネルを含む越前本線の末端区間の勝山〜京福大野を昭和49（1974）年8月廃止して、南海電気鉄道11001系をモハ3001という新しい仲間を迎えたのだった。

京福電気鉄道福井支社路線の消滅
〜唯一残った嵐電〜

　京都本社も経営状態は悪化を続けた。特に叡山線は起点の出町柳が、昭和53（1978）年の京都市電全廃に伴い他の鉄道路線と全く接続しない離れ小島となってしまったことで、輸送が低迷してしまう。そして京福電気鉄道は、合理化のため叡山線を叡山鉄道として分離した。

　勝山〜京福大野の廃止後、車両の入れ替え等はあっても福井支社の路線状況は20年以上変化が無かった。平成12 〜 13（2000 〜 2001）年に建て続けに永平寺線で電車同士の正面衝突事故が発生し、鉄道線は全線運行停止となった。国交省から「安全確保に関する事業改善命令」を受けるも、すでに京福電気鉄道はこれに対応するだけの資金力がなく、あらたに発足したえちぜん鉄道へ事業譲渡を行い、これで福井支社の鉄道線はすべて姿を消すことになった。

　福井支社の路線が消滅したことで、現在京福電気鉄道として唯一残るのが嵐電と呼ばれる、嵐山線と北野線の13kmだけとなった。全盛期の1/10となってしまったが、京都電燈譲りの菱形雷紋は今も嵐電の車体や乗車券を飾り、沿線の古社名刹にもヒケを採らぬほどの激動の近代史を今に伝えている。

（鉄研三田会会員）

福武線（福武電気鉄道）

大正13（1924）年に開業した福武電気鉄道の目的に、明治29（1896）年に設置された陸軍歩兵第36連隊の交通機関という使命が大きかった。本書P44～45の古い絵葉書に見られるようにたくさんの兵士が電車に乗り込む姿が残っている。したがって、福武電気鉄道の最初に開業したのは武生新～兵営前（現在の神明）8.5kmだった。その後大正14（1925）年には線路は福井市内直前の鉄軌分界点、福井市駅（昭和8（1933）年廃止）まで開通した。昭和8（1933）年には福井市駅を移設して福井新として、ここから鉄軌分界点を経て福井駅前停留所までを軌道法によって延伸して、市内直通が実現した。

昭和25（1950）年に田原町まで約2kmが開通、田原町では京福電気鉄道三国芦原線と連絡した。結果としてこれが70年後の相互乗り入れの布石となった。福武線の車両は当初すべて鉄道専用の高床車両で、道路上に作られた停留所から乗降するため、全車折り畳み式のステップが付いており、これが福井鉄道の電車の特徴になっていた。

その後、ちょうど従来の電車が置換時期を迎えたころ、たまたま名鉄の岐阜地区の600V区間全廃に伴って、同線で使われていた製造年度の新しい路面電車タイプの連接車が大量に入り、これまでの鉄道タイプの車両の多くが追い出されて現在に至っている。なお、福武線の主力が低床車に置き換わったため2006年3月には鉄道線車両に対応していたホームの高さを下げる嵩下げ工事を行って、主役になっていた名鉄からの低床車に対応した。その代わり若干残る鉄道線用の高床車両は鉄道線内でも、ドアの開閉の度に乗降用ステップを下ろすことで対応している。

さらに平成25（2013）年3月にはヨーロッパの最新鋭LRT技術を導入した超低床車両F1000形「FUKURAM」も入線、平成28（2016）年には京福電気鉄道改め、えちぜん鉄道との相互乗り入れも始まっている。

【モハ1（右）とモハ42】◎西田中　昭和42（1967）年11月　撮影：田尻弘行

福武電鉄系の車両【モハ1形（1～3）】

　福武電気鉄道開業に合わせて大正13（1924）年に、梅鉢鉄工所で生まれた15mクラスの木造電車、デハ1～3である。台車はブリル27MCB2を使用している。昭和8（1933）年に福井市内線直通のため折り畳み式のステップが取り付けられた。その後前面部分に鋼板を張って（いわゆるニセスチール化）Hゴム支持になり、印象が変わった。昭和43（1968）年末まで使用された。モハ2、3は木造車体のまま使用されたが昭和36（1961）年11月（モハ2）、昭和38（1963）年9月（モハ3）それぞれ廃車になった。

【モハ1形（1）】
簡易鋼体化工事が行われる前のモハ1、ブリルのMCB台車が良く判る。
◎水落
昭和38（1963）年10月
撮影：阿部一紀

【モハ1形（1）】
水落は織田方面に行く鯖浦線の分岐駅。ラッシュが終わると側線に多くの車両が休んでいた。
◎水落
昭和37（1962）年6月
撮影：荻原二郎

【前面が補強されたモハ1】
ドアから前を鋼板で補強、正面窓はHゴム支持になったが、車体の大部分は以前の木造のままであった。
◎田原町
昭和40（1965）4月
撮影：髙井薫平

【モハ2形（2）】
前面を鋼板で補強したモハ2。福武線の車両整備が進み、モハ40形に代わり収容力に勝るモハ1形が鯖浦線に入ることが増えてきた。
◎織田
昭和42（1967）年1月
撮影：田尻弘行

【モハ1形（1）】
京福電気鉄道との乗換駅だった田原町、武生行きのモハ1の後ろに国鉄福井駅行きのモハ63が停車している。
◎田原町
昭和40（1965）年4月
撮影：髙井薫平

モハ10形（11、12）

　大正14（1925）年に日本車輌で生まれた木造電車、登場当時はフハ1、2という附随車だったが、昭和5（1930）年に電動車化されてデハ6、7になった。この時直接制御のデハ1〜3に対し間接制御装置（HL）を採用している。福井鉄道になってからモハ11、12と名乗った。なおモハ11は福井地震で被災したので、昭和23（1948）年12月、広瀬車輌で新しい半鋼製車体に生まれ変わった。晩年は鯖江線の運用が増え、木造車体のまま残ったモハ12は、モハ1同様のニセスチール改造を施し鯖浦線廃止まで活躍した。

【モハ10形（12）】
福井鉄道生え抜きの木造車は独特の設計思想で造られた電車だと思う。2個ずつまとまった側窓、緩いカーブを描く前頭部、車体の両端に寄った客用扉など、あまり類を見ないデザインだった。
◎水落
昭和38（1963）年5月
撮影：髙井薫平

【モハ10形（12）】
◎西武生
昭和39（1964）年11月
撮影：荻原二郎

【鯖浦線で活躍するモハ10形（12）】
前頭部強化のため、ドアより先の運転台部分に鋼板が張られ、正面窓はHゴム支持になった。
◎西田中
昭和42（1967）年1月
撮影：田尻弘行

【モハ10形（11）】
地震で被災した車体をモハ20形に似せた半鋼製の車体に乗せ換えた。
◎田原町
昭和42（1967）年
撮影：荻原二郎

【モハ10形（11）】
モハ11の後ろにいるのは先発のモハ200形による急行電車。
◎福井駅前
昭和38（1963）年10月
撮影：阿部一紀

【モハ11】
浅水川鉄橋を渡る。モハ11は木造車の被災復旧車で3扉になったのはモハ20形の影響かもしれないが、同じ車体新造車モハ42（2扉でやや小型）とも一脈通じるスタイルである。
◎鳥羽中〜三十八社
昭和40（1965）年4月
撮影：髙井薫平

モハ20形（モハ21、22）

昭和5（1930）年に日本車輌で生まれた福武電気鉄道デハ11、12で最初の半鋼製車両、福井鉄道改編後モハ20形（21、22）になった。のちにモハ21に主電動機を集結して4個モーターに変わり、モハ22はクハになり、モハ21とともに片運転台化、モハ21、クハ21のMT編成に改造された。昭和61（1986）年7月に廃車になるまで、福武線の歴史を語る顔として活躍した。本書の京福電鉄のホデハ11等とも同じ日本車輌の標準車体である。

【モハ20形（21）】福井鉄道福武線の車両は福井市内で道路上を走るため、軌道法に準拠して救助網を持っていた。
◎水落　昭和38（1963）年10月　撮影：阿部一紀

【モハ20形（モハ22）】モハ20形のような3扉車の場合、市内部で使用する折り畳み式ステップは前後のみに取り付けられ、中扉は市内区間では締切扱いになった。
◎市役所前　昭和32（1957）年8月　撮影：荻原二郎

【モハ20形の2両編成】◎三十八社付近　昭和40（1965）年4月　撮影：髙井薫平

【モハ20形（21）】
日本車輌が北陸の電気鉄道に送り込んだ標準型ともいえる車両。ただ福井鉄道では日車得意の楕円形の戸袋窓をのちに普通の窓に直している。
◎水落
昭和38（1963）年10月
撮影：阿部一紀

【モハ21＋クハ21】
更新修繕の過程で2個モーターの単車運転タイプから、モーターを移して4個モーター車に改造、モーターを取られた車両とMTの固定編成に組み替えた。他に運転台窓はHゴム支持に、客用扉を鋼製扉に交換などが行われた。
◎水落
昭和48（1973）年6月
撮影：清水武

【モハ21ほか3連】
めずらしく3基のパンタグラフを上げてオールMの3両連結の電車がやって来た。前2両はモハ20形、最後尾はまだ元気だったころのモハ72だ。
◎鳥羽中〜三十八社
昭和40（1965）年4月
撮影：髙井薫平

モハ30形(31、32)

　昭和7（1932）年汽車會社で生まれた。現在JR東日本、鶴見線の前身鶴見臨港鉄道が有していた軌道線（海岸電気軌道から買収した軌道線で横浜市（鶴見）の総持寺と大師間（9.5km）を結んでいた）に所属していたモハ20形（21.22）で、昭和12年に廃止に伴い軌間変更の上、福井鉄道に移った。軌道線用としてつくられたが最初から連結器を持っていた。福井鉄道になってからは主に鯖浦線で使用されたが、福井市内線使用の機会も少なくなかったようだ。

【福井市内線運用に
入ったモハ32】
◎田原町
昭和38（1963）年5月
撮影：髙井薫平

【モハ30形（32）】
鯖浦線専用になっていた時代、救助網は撤去され、このまま福井市内に直通できなくなっている。
◎水落
昭和42（1967）年1月
撮影：田尻弘行

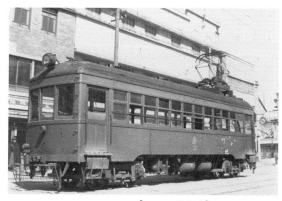

【モハ30形（32）】
撮影時期不明だが鶴見臨港からやってきて間もないころか、連結器は柴田式並連ではなくて簡易なものが付いている。
◎福井市内
撮影：裏辻三郎（荻原俊夫蔵）

【福井市内線の運用のモハ31】
◎市役所前
昭和32（1957）年8月
撮影：荻原二郎

モハ120形（121、2）

昭和25（1950）年日本車輌で生まれた福井鉄道戦後初の車両である。スタイルは戦前のモハ20形によく似ているが、当時多くの私鉄が導入をした運輸省規格型電車の一つである。昭和46（1971）年に南越線が部分廃止されると、余剰となった同線のモハ151、クハ151と2両固定編成化してモハ121-1＋モハ122-1で編成を組んだ。

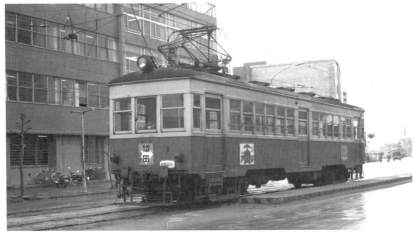

【モハ120形（121）】
鯖浦線直行電車、3扉車の中ドアにはこのように路面乗降用のステップはついていない。
◎本町通り
昭和40（1965）年3月
撮影：高井薫平

【モハ121＋モハ32＋モハ51】
異なる車種を集めた3両編成、3両は総括制御できないので、3人の運転手が乗り込んだのか、先頭の1両だけが福井を向かったのか今となってはわかるすべがない。
◎武生新
昭和38（1963）年10月
撮影：阿部一紀

【モハ120形（121）】
あと少し走ると福井新橋にかかる。
◎本町通り
昭和40（1965）年3月
撮影：髙井薫平

モハ80形（モハ81〜84）

　元南海電鉄の卵形電車（モユニ521〜4）で戦後の混乱期に活躍した木造車が前身である。南海がモハ63の割り当てを受けた見返りに放出した。最初モハ81、82、91、92と称したがなにせ前身の南海時代から、郵便荷物車として使用した車両だったので、室内に簡単な座席を取り付け、人を運ぶために手を入れる必要があった。ぼくが修学旅行で武生の駅を通った時確かにこの卵形電車が停まっていた。慌てて2眼レフで狙ったのだがうまく写っていない。昭和31（1956）年に日本車輌で車体を新製更新、スタイルはモハ1からモハ21の伝統的福武スタイルを近代化しつつ踏襲した。当初は単行若しくは小型の他形式と併結して走っていたが市内線内のカーブ改良で2両連結運転が可能になり、昭和52（1977）年には半数を制御車化、これまでの2個モーターを4個モーターのMT編成化された。さらに昭和63（1988）年に国鉄の発生品を使ってカルダン化改造がされ、制御装置も元京阪電鉄1800形のものに交換、冷房装置も完備した。また車内も転換クロスシートを装備したと聞いたが残念ながらぼくは見ていない。鉄道線区間の低床化まで活躍した。

　なお、車体鋼体化更新時に交換された元南海の木造車体のうち1つは、南越線の村国駅の待合室に流用され、同線廃止までその優美な姿を留めていた。

【武生新行きモハ83】
ステップがおりて乗客は乗り込んでいく。かつての福井では日常的光景だった。
◎本町通り
昭和38（1963）年4月
撮影：髙井薫平

【モハ80形（84）】武生新行きの普通電車、後ろに連結されているのはモハ40形で、総括制御はできなかったはずだが、運転士さんは二人乗務か、トレーラー扱いかわからない。
◎三十八社　昭和40（1965）年4月　撮影：髙井薫平

【モハ82を増結したモハ200形の田原町行き急行電車】いつもは単独で走っている新鋭モハ200形にモハ82を増結している。両車は制御装置が異なるから多分運転士さんは二人乗務だったのだろう。
◎鳥羽中〜三十八社　昭和40（1965）年4月　撮影：髙井薫平

【モハ80形（83）】
◎鳥羽中
昭和40（1965）年3月
撮影：髙井薫平

【モハ83＋モハ84】
1両ごとにスポンサーがついて
いた時代。車号は読み取れない。
前頭部にジャンパ連結器はな
く、編成の車両の位置は決まっ
ていたようだ。
◎田原町
昭和52（1977）年3月
撮影：髙井薫平

【市役所前を出て
駅方向に曲がるモハ83】
後ろに市内線運用のモハ
60形、さらにその後ろに
武生行き急行モハ200形な
どが控えている。
◎市役所前
昭和45（1970）年5月
撮影：髙井薫平

モハ140形（2代目）（141-1、142-1、141-2、142-2）

モハ141-1、2-1は元長野電鉄モハ301、302が種車で、これに名鉄の元知多鉄道のモ910形を出自とするモハ141-2、2-2が固定編成を組んでいた。車体の改造は片運転台式の固定編成で、ワンマン対応で扉の位置は車端に移している。車内はクロスシートが並ぶ。モハ141-1＋モハ141＋2は元名古屋市営地下鉄610形と入れ替わったが、モハ142-1＋モハ142-2は鉄道線区間の低床化まで活躍した。

【モハ142-1＋モハ142-2】元長野電鉄モハ302と元名鉄モ902の固定編成。◎武生新　昭和55（1980）年4月　撮影：高橋慎一郎

【モハ141形（141-1）】元長野電鉄のモハ301で名鉄から来た元モ901と固定編成を組む。
◎神明　平成元（1989）年9月　撮影：高井薫平

【クロスートの並ぶモハ142-2の車内】
◎昭和55（1980）年4月　撮影：高橋愼一郎

除雪専用になったモハ42、そしてモハ143-1に変身

モハ40形といって、古い車体で残ったモハ41、43が姿を消す中、車体を新造したモハ42は兄弟と異なる道を歩み、福武線の除雪専用車になった。しかし、その後デワ1が車体・制御器を更新してデキ11と改称、除雪専用となったため、失職したモハ42は名鉄から来たモ907と編成を組み、モハ143-

1＋モハ143-2として生まれ変わった。吊り掛け駆動の電車としてはこれが最後の増備となった。昭和56（1981）年の入線である。セミクロスシートに改造されて福武線で平成11（1999）年に元名古屋市営地下鉄610形と入れ替わるまで使用された。

【鯖浦線時代のモハ42】
運転台中央窓がHゴム支持に変わっている。
◎水落
昭和42（1967）年11月
撮影：清水武

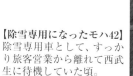

【除雪専用になったモハ42】
除雪専用車として、すっかり旅客営業から離れて西武生に待機していた頃。
◎西武生
昭和42（1977）3月
撮影：髙井薫平

鯖浦線（鯖浦電気鉄道）

　北陸本線の鯖江から越前海岸を目指したが、その途上にある織田までの19.5kmの電気鉄道である。福武電気鉄道の路線とは水落付近で立体交差するが、連絡駅はなく当初両鉄道のあいだの乗り換えは不便だった。戦後両鉄道は合併し、昭和34（1959）年に交差点付近に連絡線を設け、駅も移転した。これにより織田方向からの列車はそのまま福武線に乗り入れるようになり、用のなくなった国鉄鯖江駅への区間は、ちょうどこの頃国鉄北陸本線の複線工事の用地提供もあって廃止された。ただ越前海岸の道は終点の織田駅が丘陵の上にあり、バス連絡であったこともあり利用者数が伸び悩み、途中区間廃止を経て昭和48（1973）年9月廃止された。

【鯖浦線を行くモハ72＋モハ122】◎水落付近　昭和40（1965）年3月　撮影：髙井薫平

モハ40形（41〜43）

　鯖浦電気鉄道が開業に備えて用意されたデハ10〜12である。福井鉄道になってからモハ40形となったが車体の変化が多い。モハ41、42、43の3両あったが、モハ42は昭和28（1953）年に大改造して車体を作り直し、モハ120形に近いスタイルになっている。鯖浦線廃止後は、先述したようにモハ143-1として福武線で活躍した。モハ41とモハ43は新造当時のスタイルのまま鯖浦線で使用されたが、福井市内直通が始まった時は小型すぎて福井行きには使われず、鯖浦線廃止を待たずに廃車となった。

【モハ40形（43）】モハ40形の中でモハ43は運転台正面窓のうち中央の窓が少し切りあがっていた。運転手が立ち席で運転した際の配慮だったかもしれないがモハ41は同じ高さの窓が3つ並んでいた。
◎水落　昭和38（1963）年10月　撮影：清水武

【モハ40形（41）】
モハ40形は3両作られたが、皆スタイルが違っていた。大変身のモハ42は別にして、このモハ41の正面窓は同じ大きさのものが3つ並んでいた。
◎社武生
昭和40（1965）年4月
撮影：髙井薫平

【モハ40形(43)】南越線移籍後のモハ43、窓が小さく、幕板が異様に広いのがこの電車の特徴か。
◎武生　昭和43(1968)年6月　撮影：今井啓輔

【モハ40形(42)】鯖浦線から福井直通運転が始まり、モハ42にも救助網が整備された。営業運用から外れたのちもスノウプロウを付けて除雪専用車として在籍した後モハ141-3に大変身を遂げる。◎水落　昭和38(1963)年10月　撮影：清水武

モハ50形(51)

　昭和15（1940）年加藤車輌製の鯖浦電気鉄道としては最後の新車で当初はデハ20形と称した。大きなカーブを持つスマートなスタイルで電車好きのモデルファンが作った自由型電車のようだ。昭和46（1971）年の南越線の部分廃止時に移り、モハ131の制御車とするため電動機を下してクハ51となった。

【モハ50形（51）】方向板には「武生新・神明」とある。武生方に折り返し列車が走っていたことが判る。
◎水落　昭和38（1963）年5月　撮影：髙井薫平

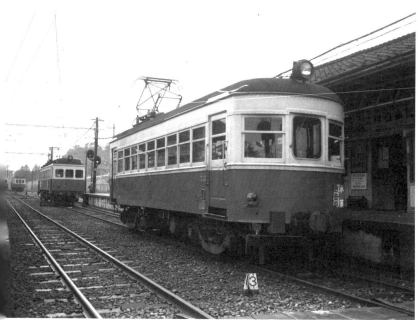

【モハ50形（51）】
水落～西田中の区間運転。
◎水落
昭和42（1967）年1月
撮影：田尻弘行

【クハ51の車内】
◎粟田部
昭和48（1973）年6月
撮影：清水武

【クハ51＋モハ131】南越線の社武生駅構内、既に南越線の路線短縮は始まっていた。
◎社武生　昭和47（1972）年8月　撮影：田中義人

【粟田部駅に停車中のクハ51】
◎粟田部
昭和48（1973）年6月
撮影：清水武

【クハ50形（51）】
運転台の正面窓はHゴム支持に変わっている。よく見るとウインドヘッダーは少し切りあがっているが、これは新製当時からのものだ。
◎社武生
昭和48（1973）年
撮影：清水武

モハ70形（71〜73）

　鯖浦電気鉄道開業時に用意された木造の小型ボ
ギー車で当初はデ1〜3と称した。ぼくが最初に出
会ったとき、すでに営業の一線から退いた感じだっ
た。大正12（1923）年名古屋電車製作所製だが最

初は単車でのちに加藤車輌でボギー車に改造した。
昭和35（1960）年にモハ71、73は電装解除してハ
71、73を名乗った。

【モハ70形（72）】
3両の仲間のうち唯一電動車
で残ったモハ72だったが、昭
和41（1966）年廃車になった。
◎水落
昭和38（1963）年5月
撮影：髙井薫平

【モハ70（モハ73）】
モハ73はモハ71とともに電装解除されてハ71、73になった。
◎水落　昭和38（1963）年10月
撮影：阿部一紀

【モハ73の加藤車輌製の台車】
ボールドウィンR系を模しているが側枠は
鋼板組み立てのようだ。
◎昭和38（1963）年10月　撮影：清水武

市内線専用車両モハ60形（61〜64）

福武電気鉄道デハ21〜24が前身で、福井新〜福井駅前間の軌道区間で使用するため昭和8（1933）年、日本車輌で製造された。鉄道線のスタイルを持つ小型車で、道路上からの乗り降りはドア下部に取り付けた可動式のステップを利用し、前後に連結器と大型の救助網を備えた不思議な車両だった。のちにモハ61、62は2両の連接車に改造、モハ161-1、2になった。モハ63とモハ64はそれぞれ南越線、鯖浦線に転属し、モハ63は南越線の部分廃止時、モハ64は鯖浦線の全廃時まで残った。

【モハ60形（63）】
全長10.2mの小型半鋼製ボギー車、当時日本車輌が地方の中堅私鉄に供給した15m、3扉車を押し縮めたスタイル、完全な鉄道線用構造だが、福井鉄道では福井市内線で主に使用された。2両目はモハ61で福井地震の被災復旧車。
◎田原町
昭和38（1963）年5月
撮影：髙井薫平

【モハ60形（62）】正面運転席前窓がHゴム支持に変わっている。◎福井駅前〜市役所前　昭和39（1964）年11月　撮影：田尻弘行

【モハ60形（62）】福井駅前に入る枝線から出てきた田原町行電車。◎本町通り　昭和39（1964）年11月　撮影：田尻弘行

【60年前の福井市内】福井地方裁判所の建物は当時のままだという。手前で電車をやり過ごす荷車も懐かしい。
◎裁判所前〜松本通　昭和38（1963）年5月　撮影：髙井薫平

【市役所前の交差点】
かつてのロータリーはなくなっ
たが福井市内で今も交通のあい
路、田原町から来た電車はここ
で左折れして福井駅前に向かう。
◎市役所前
昭和40（1965）年4月
撮影：髙井薫平

【モハ60形（62）】
◎市役所前
昭和43（1968）年6月
撮影：今井啓輔

【モハ60形（64）】
鯖浦線運用が多くなったのち
も、福井市内で使用する救助網
は残ったままであった。
◎水落
昭和42（1967）年1月
撮影：田尻弘行

【モハ60形（63）】福井駅前〜田原町間の市内線運用に使用されるモハ63、前照灯が窓下・・いわゆるおへそライトの時代。
◎福井駅前　昭和34（1959）年8月　撮影：髙井薫平

【モハ60形（61）】昭和23年の福井地震の時焼失し、広瀬車輌で復旧工事を受けた。この時車体は溶接構造になり、窓は二段上昇式に変わったが、間もなく戦列に戻った。◎市役所前　昭和34（1959）年8月　撮影：髙井薫平

市内線用の60形の連接化

モハ160形（161-1・161-2）

昭和43（1968）年にモハ61、62を片運転台式に改造、少し車長を短縮して連接車に改造した。その時運転台側の妻面も切妻2枚窓に改造したのでかつての面影はない。しかもモハ161-2になったモハ61は福井地震の罹災車で復活の際、窓が二段上昇式に変わっているので、連接車に改造されてみると、その違いが連接部でハッキリ確認できることになった。

【モハ160形（161-1）】2車体連接車改造にあたり、乗務員室に乗務員扉を新設、大改造により正面2枚窓切り妻に大改造された。◎水落　昭和47（1972）年5月　撮影：清水武

【モハ160形（161-2）】鯖浦線の織田から福井市内への直通列車に使用中のモハ160形、このモハ161-2は福井地震被災車両で、窓が二段上昇式になり、永久連結の連接箇所では面白い取り合わせになっていた。◎水落　昭和47（1972）年5月　撮影：清水武

【モハ161-1】◎西田中　昭和48（1973）年3月　撮影：田尻弘行

南越線
（武岡軽便鉄道→武岡鉄道→南越鉄道）

武生駅の東側（社武生）から発着する南越線のルーツは大正3（1914）年武生〜五分市まで部分開業した武岡軽便鉄道で、その後武岡鉄道と改称、大正13（1924）年南越鉄道と改称、1067㎜軌間に変更している。昭和16（1941）年福武電気鉄道と合併、昭和20（1945）年8月1日に福井鉄道南越線になる。福井鉄道で南越線は唯一の非電化路線だったが、昭和23（1948）年3月電化完成した。しかし電化後に車両を

融通する余力はなく、京浜急行の木造電動車3両を改軌して投入、対応している。その後鋼体化工事で車体を新造したり、一時傘下に入った名古屋鉄道の車両も入り、賑やかな時期もあったが、最後は自社工場で新造した小ぶりな新車、モハ131、132で2両の体制であった。

昭和46年9月、粟田部〜戸ノ口間を部分廃止、昭和56（1981）年4月には全線が廃止された。

モハ100形（101〜103）

元京浜急行の車で、南越線の電化に合わせて3両を譲り受けた。京浜急行の前身、京浜電気鉄道デ11〜13で明治38（1905）年日本車輌の前身の天野工場製、ダブルルーフオープンデッキの木造車だったが、大正13（1924）年、シングルルーフ正面5枚窓の京浜電車スタイルに更新、昭和17（1942）年5月の東京急行電鉄との合併時に制御車クハ5201〜3となった。京浜時代のペックハム台車は

譲渡直前にはブリル27GE2に変わっていたが、福井に来てから動力車化、台車もボールドウィン製に変わっている。その後、モハ103が昭和38（1963）年に、翌年にはモハ101が廃車、モハ102だけ残ったが機器を下ろしてトレーラーになって昭和43（1968）年まで使用された。元南海の木造車を出自とする福武線80形は車体更新がされたが、モハ100形は最後まで木造車体のままだった。

【モハ100形（103）】◎社武生　昭和33（1958）年8月　撮影：荻原二郎

【モハ100形（101）】
南越線は途中岡本新で列車
は向きを変える。側線も
あって実質的な車庫の機能
も有していた。
◎岡本新
昭和34（1959）年8月
撮影：髙井薫平

【モハ100形（103）】
行き違いの対向列車もやはりモ
ハ100形電車だった。
◎岡本新
昭和34（1959）年8月
撮影：髙井薫平

【モハ100形（101）】岡本新で待機していたモハ101、この日3
両が顔を合わせたことになるのだが・・・。
◎岡本新　昭和34（1959）年8月　撮影：髙井薫平

【モハ100形（101）】元京浜急行の車両で、南越線の電化に合わ
せて3両を譲り受けた。京浜急行の正面5枚窓、名車デ51の元祖
ともいえる木造車だった。
◎社武生　昭和33（1958）年8月　撮影：清水武

【附随車化されたモハ102】モハ100形、3両のうちモハ102は附随車に改造された。
◎社武生　昭和39（1964）年6月　撮影：清水武

【モハ100形の台車】京浜急行化時代から台車は3回変わり、ボールドウイン78-25-Aを使用していた。
◎昭和39（1964）年6月　撮影：清水武

【南越線のモハ43】
鯖浦線から転じたモハ43と南越線の主モハ111の2両編成。制御装置が異なる2両の編成は総括制御ができないはずだから、後ろのモハ43はぶら下がりか。
◎社武生
昭和40（1965）年6月
撮影：田尻弘行

【南越線に転じたモハ31】
社武生駅は立派な駅舎を備え、構内も広かった。遠くにハ2と鯖浦線から転じたデワ3が停車している。
◎社武生
昭和37（1962）年8月
撮影：今井啓輔

モハ110形（111）

福武電気鉄道が昭和2（1927）年、後に東急の一部になる目黒蒲田電鉄から購入した木造電車40形で、元を辿れば院電でデハ6285形（6288、6295）ある。入線後、デハ4、5となったが、それぞれ大した活躍のないまま廃車された。その後デハ4の電機気品を活用して自社で鋼体化工事を行って電気機関車デキ1が生まれた。デハ5の方は車体を利用してスハフ11となって南越線に移り、その後昭和24（1949）年に車体鋼体化、電動車化が行われてモハ111が誕生した。不思議なスタイルは木造電車の鋼体化、車体更新が自社工場で行われたためかもしれない。モハ130形2両が入るまで南越線のエースで電気機関車代用として貨物列車牽引にも活躍したが、昭和51（1976）年に事故廃車となった。その後継としてやってきたのが、姿が全く変わったかつての兄弟、デキ1だった。

【車体更新前のモハ111】
木造客車として使用していたものを自社工場で、昭和23(1948)年に鋼体化、電車化した。その経歴は複雑で(元院電、その後の省線電車)目黒蒲田電鉄に払い下げられ、昭和2(1927)年に福井鉄道にやって来た。一時福武で使用した後、南越線移りスハフ11という客車となった。
◎社武生
昭和33（1958）年8月
撮影：荻原二郎

【車体更新後のモハ111】
昭和35(1950)年の車体更新でノーシール・ノーヘッダーとなり、乗務員扉が新設され、正面窓の一部がHゴム化された。昭和50(1975)年事故廃車になるまで南越線で活躍した。
◎社武生
昭和48（1973）年6月
撮影：亀井秀夫

【モハ111】
降りしきる雪の中、社武生を出たモハ111は少し走って北府に着いた。これから五分市に向かう。
◎南越線、北府　昭和49（1974）年1月　撮影：浅野修

【モハ111の牽く貨物列車】当時南越線には電気機関車の配置がなく、貨車の牽引はもっぱらモハ111の出番であった。
◎五分市　昭和47（1972）年8月　撮影：田中義人

【モハ111＋モハ132】◎社武生　昭和38（1963）年10月　撮影：清水武

【モハ111＋モハ51】
パンタを下げたモハ51はトレーラー代用、車内
には立席の乗客も多くみられ、結構混んでいた。
◎五分市付近
昭和40（1965）年6月
撮影：田尻弘行

【五分市で貨車の入れ替えを行うモハ111】五分市駅にはかつて3事業所の引き込み線があり、南越線内で一番貨物の取扱量
が多かった。◎五分市　昭和47（1972）年8月　撮影：田中義人

モハ130形（131、132）

南越線の最後を見届けた車両、自社工場の西武生工場で昭和37（1962）年と翌年に１両ずつ作られた。車体は福武線のエース200形をベースにしている新造車だが、台車、制御装置、主電動機などは手持ち品の流用である。車体は13メートルという小型車だが既に乗客の減っていた南越線で使用するのには十分の大きさだった。正面２枚窓の近代的スタイルだったが、南越線廃止とともに運命を共にし、福井鉄道お得意の他線転用改造もなされなかったのは残念なことであった。

【モハ130形（131）】
まだバリバリの新車だった頃、左に見えるモハ30形も早々に引退することになる。
◎岡本新
昭和38（1963）年５月
撮影：髙井薫平

【五分市に社武生行モハ131が到着する】◎五分市　昭和47（1972）年　撮影：田中義人

【モハ130形（131）】社武生に停車中のモハ131、溶けかかった雪がまだかなり残っている。この光景から社武生駅には機回し線があったことが判る。◎社武生　昭和40（1965）年3月　撮影：髙井薫平

【モハ132とモハ131】モハ130形が南越線の主役になった日、雑多な車両が転がっていた社武生駅の構内も不要車両の淘汰が進んだ。◎社武生　昭和50（1975）年3月　撮影：髙井薫平

種々雑多なトレーラーたち

【サハ20形(22)】
元名古屋鉄道のサ2069(名岐鉄道ガソリンカー)であった。昭和42(1967)年に入線したがその稼働期間は3年と短かった。
◎水落
昭和42(1967)年1月
撮影：田尻弘行

【サハ30形(31)】
モハ31は踏切事故の復旧時、電装解除されトレーラーに昭和30(1955)年改造され、鯖浦線でラッシュ時の増結用になった。
◎水落
昭和42(1967)年1月
撮影：田尻弘行

【ハフ71形(71)】
モハ71の電装解除車、しばらく鯖浦線の増結用であった。手作りしたような加藤車輌製の台車に注目。
◎水落
昭和38(1963)年10月
撮影：清水武

【ハフ71形（73）】
モハ73の電装解除車、トレーラー
として南越線に転籍した。
◎武生新
昭和39（1964）年11月
撮影：荻原二郎

【ハフ1形（73）】
モハ73時代の前照灯の取り付け座
が残ったままである。南越線に転
属、ラッシュ時の増結用になった。
◎社武生
昭和38（1963）年5月
撮影：髙井薫平

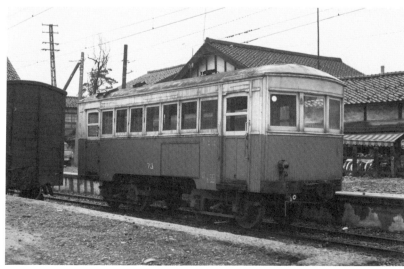

【ハフ1形（73）】
昭和38（1963）年6月の検査で、屋
根上の前照灯取り付け座はなくな
り、すっきりした屋根になった。
◎社武生
昭和40（1965）年5月
撮影：田尻弘行

【スイッチバック式の
岡本新駅構内におけるハ2】
◎岡本新
昭和39（1964）年11月
撮影：田尻弘行

【ハ1形（2）】
南越鉄道から引き継いだ蒸気時代
の客車の生き残り、足回りはかな
り変わっている。
◎社武生
昭和38（1963）年10月
撮影：清水武

【ハ1形（2）】
よく見ると名鉄から来たモ3001改造
のモハ151の後ろに連結されている。
◎社武生
昭和43（1968）年6月
撮影：今井啓輔

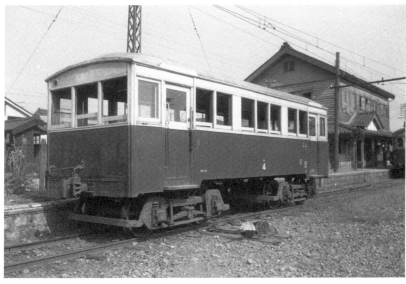

【ハ1形（4）】
元南越鉄道のガソリンカー（ガ2）
だった。2軸車をのちにボギー車
に改造した。
◎社武生
昭和32（1958）年8月
撮影：荻原二郎

【ハ1形（5）】
元南越鉄道には2軸ガソリンカーが
6両在籍したが、そのうち3両が電
化時に客車化された。ハ5はガ3を
客車化したもの。客車後にボギー
車化された。
◎水落
昭和38（1963）年10月
撮影：清水武

【ハ1形（6）】
元南越鉄道のガソリンカー（ガ4）
が前身、もともと2軸車だったが
客車化された時ボギー化され、以
後電車にひかれて活躍した。
◎社武生
昭和33（1958）年8月
撮影：荻原二郎

名鉄からの転入車

モハ140形〈初代〉（モハ141＋クハ141、モハ142＋クハ142）

　元名鉄の車両、名鉄の資本が入り関係が強まった昭和39（1964）年に入線した。電動車は元名岐鉄道のモ700形、制御車は元ガソリンカーだった瀬戸線のク2200形である。2両固定編成になり、片運転台化、連結面側切妻化、正面窓の非貫通化と大がかりなもので、ワンマン対応で扉の位置も車端に移している。

【クハ141＋モハ141＋モハ80形】
名鉄から来た元ク2200形（2201）（元瀬戸電気鉄道）を先頭にした3両編成、次位は元初代名古屋鉄道のモ700形、最後部にモハ80形が付いている。
◎水落
昭和40（1965）年4月
撮影：髙井薫平

【モハ140形（141）】
元名岐鉄道のモ700形（701）で、連結面は切り妻に改造、貫通幌も設けられた。モハ141＋クハ141の使用期間は比較的短く、新しいオールM方式のモハ141-1、2、3と交代する。
◎西武生
昭和52（1977）年3月
撮影：髙井薫平

【クハ110形（111）】
元名古屋鉄道ク2315を借入れて同番号でモハ111に連結され使用されたが、改番後のクハ111としてはモハ111の相手を務めた活躍記録はないようだ。
◎社武生
昭和50（1975）年8月
撮影：髙井薫平

【クハ150形（151）】
元名古屋鉄道モ3002（三河鉄道引継ぎ車）で、最初から南越線に所属したが、あまり働かないうちに南越線は廃線になり、福武線に転じてクハ121としてモハ121の相手役になった。
◎社武生
昭和50（1975）年8月
撮影：髙井薫平

【モハ140形（142）】
元名古屋鉄道のモ700形（705）を譲受け、片運転台式に改造、元瀬戸電鉄のガソリンカーと編成を組んだが、新モハ141に置き換わって姿を消した。
◎西武生
昭和48（1973）年6月
撮影：亀井秀夫

連接車モハ200形

モハ200形（201〜3）

　昭和35（1960）年に登場したいわゆる高性能電車、戦後15年がたちその少し前から大手私鉄では新しい機能を備えた新型電車が競うように登場していたが、地方の中堅私鉄においても各社が看板電車を世に出すようになり、この6両もその波に乗って登場したものといえる。当初はモハ201編成、202編成だけだったが、好評だったのでモハ203編成が2年後に増備された。ただ福井鉄道のモハ200形6両は他社の新性能電車と少し異なっていた。最大の特徴は市内線乗り入れという特殊な条件で、2車体連接車にしたことで、車内にはクロスシートを配し、低いホームの乗降用外付けステップを持っていた。駆動装置には三菱電機のWNドライブを採用している。

　モハ200形は他社の同時期に作られた車両たちが姿を消す中、制御装置や台車、主電動機の交換や冷房装置取り付けなどの近代化工事を施されて長く使用され、現在も1編成が休車扱いのまま在籍する。クラウドファンディングによる全国の有志からの資金を活用して動態保存されることが決定され、本書が出版される頃にはデビュー当時の美しい姿を取り戻しているはずだ。

【モハ200形（201編成）】
モハ200形には急行用の200形専用のヘッドマークが用意されていた。なお、連結器は登場時、他の車両との連結は想定していなかったので簡易な連結器が取り付けられていた。
◎武生新
昭和38（1963）年5月
撮影：髙井薫平

【モハ200形（203編成）】
2年後に増備された第3編成、この編成から前頭部に自動連結器が取り付けられ、後に第1、2編成も変更された。また先陣を切って冷房化された。
◎武生新
昭和50（1975）年
撮影：髙井薫平

【西武生で憩う連接車2連】モハ200形202編成と140形。◎西武生　昭和52（1977）年3月　撮影：髙井薫平

【福井駅前電停に停車中の武生行き急行】◎福井駅前　昭和38（1963）年6月　撮影：田尻弘行

【モハ80形を増結したモハ203編成の急行電車】◎三十八社附近　昭和40（1965）年４月　撮影：髙井薫平

【足羽川を渡るモハ200形】◎鳥羽中～三十八社　昭和40（1965）年４月　撮影：髙井薫平

【市役所前】
武生から来た電車は市役所
前で折り返して福井駅に向
かう枝線に入っていく。
◎市役所前
昭和40（1965）年4月
撮影：髙井薫平

【福井市内線を走る
武生行き急行電車】
◎市役所前
昭和43（1968）年6月
撮影：今井啓輔

【モハ202編成のサイドビュウ】
スイッチバックして福井駅前に
向かう第2編成。
◎市役所前
昭和43（1968）年6月
撮影：今井啓輔

架け替え前の福井新橋（幸橋）を行く福井行急行電車。◎昭和43（1968）年6月　撮影：今井啓輔

モハ300形(301-1＋301-2 ～ 303-1＋301-2)

静岡鉄道が自社の長沼工場で作った最初の新性能電車だったが、1000系ステンレスカーに置き換えられて余剰となり、昭和61(1986)年から福井入りをした。目的はモハ200形急行運用車の置き換えだったため、車内はクロスシートに交換している。また、冷房設備も追加している。鉄道線区間の低床化まで活躍した。

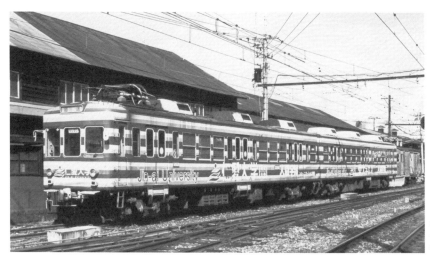

【モハ300形(301-1＋301-2)】
◎西武生
平成13(2001)年10月
撮影：亀井秀夫

【モハ300形(302-1＋302-2)】
モハ300形は車内をクロスシートに変え、活躍が期待されたが晩年は3編成とも車体全体を広告電車として提供し、動く広告塔になっていた。
◎市役所前
平成13(2001)年10月
撮影：亀井秀夫

【モハ300形(303-1＋303-2)】
モハ300形ではこれまでの3扉車になかった車体中扉にも路面から乗降するための可動式ステップが取り付けられ、乗客の乗降のスピードアップに対応した。
◎田原町
平成13(2001)年10月
撮影：亀井秀夫

モハ600形（601、602）

名古屋地下鉄名城線の1100、1200形を種車として名鉄住商車両工業で両運転台化、架線集電式に変更などの改造工事を受けて平成9（1997）年から入線した。軌間も異なるから台車は国鉄DT21（同時期に昇圧した豊橋鉄道からの発生品）に変更している。また冷房化も入線時にされた。現在本線運用を離れイベント用として待機している。

【モハ600形（601）】
鮮やかに塗り分けられたモハ601号、この日は福井行き急行列車の運用に入っていた。
◎武生新
平成13（2001）年5月
撮影：田中信吾

【モハ600形（602）】
◎越前武生
平成28（2016）年10月
撮影：田中信吾

【クハ610＋モハ610】
モハ600形と同じ経過をたどるが、こちらはMT編成で平成11（1999）年に登場した。完全低床車F1000形「FUKURAM」と入れ替わる形で姿を消した。
◎武生新
平成14（2002）年5月
撮影：田中信吾

金沢から来た市内線専用車

モハ500形（501）

昭和42（1967）年2月に全線の営業を廃止した北陸鉄道金沢市内線のモハ2051で、さらにさかのぼるとかつて八王子地区で営業していた武蔵中央電気鉄道の1形である。福井鉄道では福井市内の併用区間のみの使用で、使用された期間は2年と短かった。

【市内線ローカル専用モハ501】
◎田原町
昭和42（1967）年
撮影：矢放幸一

【モハ510形（511、512）】
廃止になった北陸鉄道金沢市内線のモハ2060形（2061、2062）だが、前歴があり、昭和38（1963）年に廃止になった四国の琴平参宮電鉄の車両である。道幅が狭い金沢市内線で使用するため、曲線区間で干渉しないように車体の端部を絞る大改造が行われている。昭和44（1969）年に軌道線の路面電車運行が中止された。
◎福井駅前
昭和43（1968）年6月
撮影：今井啓輔

【モハ510形（511）】
◎西武生
昭和42（1967）年11月
撮影：田尻弘行

【モハ510形（512）】
◎西武生
昭和42（1967）年11月
撮影：田尻弘行

【モハ560（562）】
もと北陸鉄道金沢軌道線のモハ
2202で、名鉄岐阜市内線のモハ
562を経て平成元（1989）年に入
線した。平成13（2001）年10月
から11月の間、福井駅前線で行
われたトランジットモール実験
に参加していた。その後2004年
には地元大学とメーカーによ
るは新型リチウムイオン電池
を使った実験に供されたが、平
成18（2006）年に廃車になった。
幸い解体されることなく、古巣
の金沢市で大切に保管されてい
る。
◎武生新
平成10（1998）年3月
撮影：髙井薫平

電気機関車など

福井鉄道の貨物輸送は戦前では電動貨車による軽微なものであったが、終戦後沿線に工場ができ、国鉄貨車の引き込みなど要望が増え、特に南越線では沿線に工場や油槽所ができて貨車の入線が増加した。このため電動貨車では対応できず、電気機関車を導入するまで電車も貨車輸送に一役買った。しかし、国鉄の民営化、貨物輸送スタイルの変化などで、私鉄の貨物輸送は衰退の道をたどることになった。現在最大で4両を数えた福井鉄道の電気機関車は工場入換え用の1両が残るのみである。

【武生駅構内の3社揃いふみ】
武生には信越化学の側線があり、社の入換え用蒸気機関車101が武生駅構内に貨車の授受に時折顔を出した。北陸本線ではD50269が入れ換え中、福井鉄道の電気機関車はデキ2である。
◎武生
昭和39(1964)年11月
撮影：荻原二郎

【デキ2形（2）】
◎武生新
昭和38(1963)年5月
撮影：髙井薫平

【デキ1が牽く貨物列車】南越線には沿線に大小の工場が点在し、貨物輸送が活発であった。
◎北府〜村国　昭和51（1976）年3月　撮影：佐野嘉春

デキ1形

　福武電気鉄道が昭和10（1935）年に芝浦製作所（現在の東芝の前身）で製造した自重25tの凸型機関車である。台車や電機品は目黒蒲田電鉄から来たモハ4からの転用である。戦後は馬力の大きい

デキ2が増備され、デキ1は鯖浦線や南越線に転属したが、両線とも廃線になったため、福武線に復帰、昭和61（1966）年まで在籍した。

【デキ1形（1）】
国鉄北陸本線にDE10がいたころ、雪中で入れ換え仕業の競演。
◎武生
昭和49（1974）年1月
撮影：浅野修

【デキ 1 形（1）】
◎西武生
昭和52（1977）年3月
撮影：髙井薫平

デキ2形

　デキ1と同じ東芝製（東芝車輌）だが一回り強力だった。メーカーから購入したものではなく。三井鉱山三井港務所が発注した機関車を昭和25（1950）年に譲り受けた。福武線の貨物輸送に活躍したが、昭和54（1979）年に福武線の貨物営業が無くなると働き場がなくなり、武生工場の入換用となり、平成13（2001）年に廃車になった。

【デキ2形（2）】◎水落　昭和42（1967）年11月　撮影：清水武

ED211形（デキ３）

　昭和30年代に入り福武線、南越線とも沿線に工場が作られ、工場に出入りする貨物の増加により機関車の不足をきたし、昭和50（1975）年に遠州鉄道から借り入れたED213で、同年に正式に譲り受けてデキ３とした。メーカーは東芝でなくて車体は日本鉄道自動車製、電機品は東洋電機製である。

　なお元を辿ると、名鉄デキ111であり、東洋紡績専用線の所属の私有機だった。その後貨物輸送の廃止に伴い廃車になったがデキ１、２は廃車になったがデキ３は武生工場の入換え用として福井鉄道唯一の本格的な電気機関車として在籍する。

【ED211形（213）】まだ遠州鉄道から借り入れていたころ、車体表記も「213」のままである。
◎西武生　昭和50（1975）年８月　撮影：髙井薫平

【ED211形（デキ３）】正式に譲渡され、ブレーキ弁、主幹制御器の増設工事が行われ、デキ３になった。
◎西武生　昭和52（1977）年３月　撮影：髙井薫平

【デキ３のサイドビユウー】小型電気機関車には珍しく板台枠の本格的台車を履いている。
◎西武生　昭和52（1977）年８月　撮影：高橋慎一郎

デワ1形（2）

　福武電気鉄道が開業に備えて梅鉢鉄工所製の電動貨車2両を用意したが、デワ1の方はその後ボギー車に大改造、車籍も電気機関車に変更した。デワ2の方も極端に窓の少ない貨車のようなスタイルだったが、原形は良く判らずしまい。大した改造を受けず、昭和44（1969）年に木造車体のまま廃車となった。

【南越線に転じたデワ2】
◎社武生
昭和38（1963）5月
撮影：髙井薫平

【デワ1形（2）】窓が極端に少ない珍しい電車だ。屋根に上る足掛けが妙に目立つ面白いスタイルである。
◎社武生　昭和42（1967）年11月　撮影：清水武

【デワ1形（2）】◎社武生　昭和38（1963）5月　撮影：髙井薫平

【デワ3形（3）】旧鯖浦電気鉄道から引き継いだ電動貨車。福武鉄道系の電動貨車に比べ、当時各地の電気鉄道に見られた電動貨車に通じたスタイルだった。最後は南越線に所属していた。　◎社武生　昭和33（1958）年8　撮影：荻原二郎

デキ10形(11)

　福武電気鉄道開通の時作られた電動貨車デワ1がルーツである。新造時は単車の電動貨車だったが、デワ1は昭和34(1959)年に車体延長、ボギー車に大改造され、その後車種を電動貨車から電気機関車に変更、デキ11と改称、現在も除雪用として待機している。

【デワ1形(1)】
デキ10がまだ荷物電車の時代、荷重3t、自重13.5tの表記が書かれているから荷物電車に間違いない。
◎西武生
昭和48(1973)年6月
撮影：清水武

【木造時代のデキ11の正面】
◎西武生
昭和52(1977)年3月
撮影：髙井薫平

【デワ1の台車】
ボギー貨車のアーチバースタイルで、電動機も載っている。
◎昭和39(1964)年6月
撮影：清水武

【デキ10形(11)】
デワ1は簡易な鋼体化を行い形式もデキ10形(11)とし電気機関車に車種変更、スノープラウを付けてモハ42に代わって除雪用として福武線に残ることになった。
◎西武生
平成元(1989)年9月
撮影：髙井薫平

【木造時代のデキ11の正面】◎西武生　昭和52（1977）年３月　撮影：髙井薫平

駅の思い出

【福武線・鳥羽中駅】
まもなく武生新行きのモハ80
形が到着する。
◎鳥羽中
昭和40（1965）年4月
撮影：髙井薫平

【福武線・福井新駅】
古いボンネットバスが電車からの
乗り換え客を待っている。
◎昭和36（1961）年4月
撮影：荻原二郎

【福武線・水落駅】
◎昭和37（1962）年6月
撮影：荻原二郎

【鯖浦線・西鯖江駅】
◎昭和42（1967）年9月
撮影：荻原二郎

【水落構内のピット線】
水落駅が鯖浦線の乗換駅だった頃、小さなピットがあり、簡単な修繕も行っていた。
◎水落
昭和40（1965）年2月
撮影：田尻弘行

【鯖浦線・西田中】
◎昭和37（1962）年6月　撮影：荻原二郎

【鯖浦線・織田駅】
◎昭和37（1962）年6月　撮影：荻原二郎

【南越線・社武生駅】
◎昭和48（1973）年
撮影：高橋慎一郎

【「社武生」駅の駅看板】「社」の文字はあとから書き加えられた。◎昭和48（1973）年　撮影：高橋慎一郎

【南越線・武生駅】まだこの頃は武生駅だった。
◎昭和37（1962）年６月　撮影：荻原二郎

【南越線・北府駅】
近年、西武生が北府に改称された。
両立はしなかったが南越線には北
府駅があり、西武生付近と北陸線
を挟んで存在した。
◎昭和39（1964）年11月
撮影：荻原二郎

【南越線・村国駅】
廃車体（元南海のモハ81）を活用した待合室。
◎昭和48（1973）年11月
撮影：田中義人

【鯖浦線・越前平井駅】
かつて列車の行き違いも可能で
側線もあったようだが、鯖浦線
廃止のころには片ホーム1線、
それでも古い駅舎は健在だっ
た。電車はモハ160形連接車。
◎越前平井
昭和48（1973）年3月
撮影：田中義人

【福武線・水落駅】
ここ水落は鯖江市の一部で、乗降
客が多かった。また鯖浦線への乗
換駅であり、乗り換える人のほか、
下車して町に向かう人でごった返
していたころの一コマ。
◎昭和48（1973）年
撮影：高橋慎一郎

福井鉄道のこと

　岐阜県に住む私にとって、福井鉄道は隣県福井県の鉄道である。私の福井の印象は戦後（昭和23(1958)年6月28日の福井地震である。この地震は県都福井市をはじめ県下に大きな被害をもたらした。福井鉄道も重大な損傷被害を受け市内の併用軌道区間では軌道の敷き直しをした区間もあったほどである。岐阜県下の小学生だった小生にとっても初めて感じた大きな地震の揺れであり、強い恐怖を与えた。後年その影響もあり福井と言えば「地震」が連想されたほどである。最初に福井鉄道を訪問したのは名鉄入社後，同好の士と共に出かけたのだがどういう訳か、地震のイメージが思い出され、モハ200形電車が快走する「福武線」や広い市内道路を複線で走る市内線の姿は、十年以上も経った当時では不思議でもなんでもなかったことだが驚いた。

　それはさて置き、名鉄入社後は、福井鉄道がグループ会社となったこともあり昭和40(1965)年の初めに何人かのファン仲間と共に何度か訪問した。その時驚いたのは乗り心地がよく、線路のレールが40Nでコンクリート枕木化が進み、当時の名鉄三河線や、尾西線より乗り心地が良かったことである。日車製の新車モハ200形電車にも驚かされた。モハ200形は前年の昭和34(1959)年に登場した名鉄の5500形と同じ東芝製の制御装置を取り入れた優秀車で翌々年にも増備され3編成が登場し武生〜福井間の急行で活躍していた。当時、友の会のブルーリボン賞があれば当然受賞していただろうと思う。

　その頃名鉄は社長が金沢にあった旧制第四高等学校出身であり、政財界に旧知の方も多く、北陸の鉄道に関与を深めていた。そうしたこともあり、北陸鉄道金沢市内線廃止後、その車両の多くが岐阜市内線の木造単車を一掃することになり、逆に名鉄の廃車車両が北陸鉄道、福井鉄道に移籍することにもなった。この時代小生は現場管理組織の「運転支配人室」に在籍し、売却車両の選定等については、決定後移籍のための甲種車両手配の「社内報」で具体的な車種を知ることが出来ただけである。

　北陸鉄道へも福井鉄道へも電動車として譲渡されたのはモ700形だけであり、その後、現地を訪ね車両に再会した。小生が名鉄本社鉄道部へ異動したあと、福井鉄道の鉄道部長であり、モハ200形の生みの親であった屋敷部長とも昵懇になったが、名鉄車両の

【モハ200形(201)】昭和30年から40年にかけて地方の中堅私鉄が競って製作した高性能電車の一つで、路面区間に直通する特殊な事情から連接車になった。専ら福井・武生間の急行運用につき、他車と連結しない前提のため新造後しばらくは簡略な連結器を付けていた。◎武生新　昭和38(1963)年5月　撮影：高井薫平

【モハ140形 (142)】名古屋鉄道から資本が入り、車両不足を補うために名古屋鉄道の600V区間で使用していた車両が福井入りした。このモハ140形は元名古屋鉄道（初代）から引継いだ車両で、元瀬戸電のガソリンカーであったク2000形と編成を組んでいた。◎西田中　昭和48 (1973) 年4月　撮影：田尻弘行

購入の経緯等、当時の事情などをお聞きする機会があったのに聞き漏らし、残念なことをしたと悔やまれる。それにしてもモハ200形を新造した福鉄に名鉄の廃車車両が導入されたことは不思議なことだった。

屋敷部長は業界の大先輩であり大変仕事熱心な鉄道人で、車両だけでなく、施設全般の改良に大変熱心だった。その頃福井鉄道は経営難の中、労働争議に見舞われ、加えて鯖浦線、南越線廃止問題を抱えていたようで、大変なご苦労をされた方である。そんな頃連接車モハ200形のワンマン運転化を実現するため何度か運輸省へもお供をした。連接車のワンマン化については、昭和29年 (1954) 名古屋市電の下之一色線が最初にワンマン化する際に「連接車は除く」という趣旨の申し合わせが当時の私鉄組合の上部団体と当局の間でなされていたようで難航したが、当時当局の企画部長（？）の骨折りで許可となり、福鉄が最初の実現となった。また鉄道線区間のポイント部分のスノーシェッドも同氏の発案だったという。その後も同好の友人と何度か訪問したが、仕事の面ではそれ以上のお付き合いはなかった。今にして思えばもっとお聞きしたいことがたくさんあった。

その後、屋敷氏が引退され小生も出向となり、お目にかかることもなくなり、福井鉄道を訪れる機会

は減った。次に福井鉄道とかかわる機会は、小生の引退後に思わぬことで訪れた。

それは福井鉄道が地元企業として再生し、新しい鉄道会社に再生され、福井駅前の路線改良を実施し、車両も全面的に低床車両に置き換わり、田原町でえちぜん鉄道との相互直通運転を開始するということになったときだった。そこで福井鉄道は新ダイヤを実施することになり、小生に声が掛り、新ダイヤ作成のお手伝いをすることになったのである。小生は大井川鉄道への出向を経て、バス会社である北恵那交通でお世話になり鉄道のこと、ダイヤのことなど忘れかけており、一度はお断りしたが、中部鉄道協会からもお声が掛り、お引き受けした。福井鉄道の再建引き受け人として就任された新社長も異業種からのご就任でご苦労されていた。そんなわけで、現地で名鉄モ800形とも再会した。ダイヤ作成には思わぬこと伏兵があり、支援行政団体からの注文もある中、現地の条件、制約の中で実施案を検討しなければならなかった。

最初の訪問時に感じた時も市役所前のダイヤ構成の見事さは驚きだったがその頃は鯖浦線直通もあり本数も多かったと思うが、まさに屋敷部長の苦心のダイヤだったのだろう。まさかそのダイヤ編成を

依頼されるとは思いもよらなかった。

難題中の難題は多くの制約がある中で市役所前（現在・福井城址大名町）での武生方向からの直通列車（軌道法では運行車）の駅前への出入りに際してのスイッチバックであり、田原町方向への列車との交差、福井駅前方面と田原町方面への運行車同士の接続時刻の調整を図りつつ越前武生～赤十字前間の鉄道線区間（単線）でのラウンドヘッドダイヤ（15分又は現30分）の時隔維持等、鉄道線区間の20分ヘッド化も検討したと思う）、それら一連の条件をすべて満足することは困難だった。それの試行錯誤の結果が現行ダイヤであり1時間当たり、武生～福井駅～田原町間の普通列車2往復と武生～田原町～越前鉄道直通1往復（鉄道区間急行運転）となっている。福井城址大名町（元市役所前）のレール交換などはなされたが運行ルートの変更はないが、駅前停留所、案内所が整備されたが、ダイヤ編成上の条件には変化はなかったが、利用者には解りやすく便利になった。こんな中、軌道線用の新車も増備されるとのことで楽しみもある。（余談だが、福井在勤中聞いた覚えがあるのは「駅前へのルートをループ化する」という遠大な話だった。そうなればネック解消となり、新たな展開が可能となるだろう。）

かつて私は「ネコ・パブリッシング」社から「福井鉄道」上・下を出させて頂いたがその時は先の屋敷部長は故人だったが、畏友・阿部一紀君が健在で、多くの写真を借り、何とか纏めることが出来たが、今回の著作に当っても彼が元気でいてくれればと悔やまれる。特に福井鉄道鯖浦線は、私は廃線後しか知らないが、田尻先輩や彼はその乗車体験があった。そこから後年、織田（おた）駅が山中で観光地として著名になったが、越前海岸までの道のりは難路であり実現は不可能だったろうが、趣味的には興味深い路線だったと思われる。彼は現地を熟知していただろうから、今回の企画でも多いに力になれただろうと思うと残念である。今回の著作でも彼の遺作がおおいに収録されることを期待している。今回は新幹線も開通し、受け皿としての地元交通機関として新しい役割が期待される福井鉄道だが、本書に見るように長い歴史を持ち、若狭地方を除く福井県の県央、県北の交通機関として大きな役割を果たしてきた福井鉄道の功績を見直す機会に本書がなることを祈り、路線のさらなる発展を期待します。

（元名古屋鉄道鉄道部長、鉄研三田会会員）

【モハ62とモハ201】県庁前のジャンクションで福井駅前から出てきた田原町行のモハ62が、武生行のモハ200形の急行を電車をやり過ごす。◎県庁前　昭和38（1963）年8月　撮影：田尻弘行

ことば解説 LRT　ライトレール　矢崎康雄

LRT＝ライト・レール・トランジット（Light Rail Transit）とは直訳すれば軽量鉄道輸送で、軽快電車や次世代型路面電車などと訳されている。輸送力からすれば地下鉄とバスの間、それも地下鉄に近い方なので軽量というよりも中量である。LRTを低床車両のことと勘違いしている人がいるがLRTとはシステム全体を表す略称である。したがってLRTの車両はライト・レール・ヴィークルLRV＝Light Rail Vehicleである。またライトレールと簡単に言えば路面電車クラスのもの、新幹線をはじめ一般の鉄道を指すヘビーレイルHeavy Railとを分けた言い方であったが、明確な区分は難しいところもある。路面電車が進化または新たに建設され、道路や地下や専用軌道を走るようになり、新規の導入に際し、路面電車を意味する英国で使われているトラムTram、米国で使われているストリートカー Streetcarという呼称は旧式のものを思い浮かべるためそれらとは区別するためライトレールという名称が使われるようになった。ただしラテン語系のフランス、スペイン、イタリアなどやオランダ、ベルギーは従来通りトラムTramと呼んでいる。ドイツやオランダ、ベルギーの多くの町では早くから路面電車を一部地下など専用軌道化しての改良、近代化に取り組んできたためあえてLRTという別の呼び方をする必要はなかった。

ライトレールとは広い意味は旧型の路面電車も含まれ、英国のLight Rail Transit Associationでは江ノ島電鉄もライトレールに分類している。日本では古い方式の路面電車ではなく富山ライトレール以降の近代化されたシステムをLRTと呼んでいる。LRTは定時性、速達性、快適性が必要条件で、自動車からの転換による道路渋滞の緩和、CO_2削減、バリアフリー化、中心市街地の活性化など新しい街づくりなどに有効性が認められている。

LRTの導入、第一号はカナダであった。モータリゼーションにより路面電車が廃止されていたカナダのエドモントンでは地下鉄建設に比べコストが低いライトレールを導入、市内中心では再度、街路にレールを敷いた。都電の荒川線を除いたすべてが全廃された1972年からわずか6年後のことである。続いてカナディアンロッキーへの東側からの玄関の町カルガリーも同様のLRTを導入、1981年に開業した。都市部の自動車混雑を抑制、市中心部の衰退を防止する目的もあった。車両は低床車が登場する前で街路上にプラットホームが設置された。車両はドイツのフランクフルトと同じタイプのドイツのデュワーグDüwag製。トランジットモールもできて市街区間は運賃無料、郊外の専用軌道では高速で走る。米国の第一号はカリフォルニア州サンディエゴでメキシコとの国境までの路線が開業した。車両は同じドイツデュワーグ製、米国では路面電車の衰退で路面電車やライトレールのメーカーがほとんど消えてしまっていたのである。

日本でも路面電車はのろい、汚い、混んでいる、車の邪魔、過去のものだというイメージを持たれ、大都市では路面電車を廃止して地下鉄とバスにだけ転換、鉄道ファンでも路面電車の廃止は時代の流れだからしょうがないし、関心もないという者もいた。中量輸送機関である路面電車、ライトレールの有効性に対しては後ろ向きで近代化や導入がなされず、法制面、技術面でかなり遅れていたが、今では国土交通省も補助金などで後押しをしている。すでに世界中の多くの都市でLRTが導入され町のインフラの一つになっている。2023年宇都宮でLRTがオープンする。日本では初めて、路面電車がなかった町にLRTを導入するが、世界最初のエドモントンのライトレール開業から45年たっている。

（鉄研三田会会員）

カナダ　カルガリー2009

ダウンタウンは道路上にプラットホームが設置されている。2000型は1981年開業時に導入されたドイツデュワーグDeuwag U2型。現在は新型車2200から2400型に置き換えられている。デュワーグDeuwag はシーメンスSiemensに吸収合併されその後、シーメンスは米国でライトレールの生産を始めた。続くサンディエゴも開業に際し同じ U2型を導入している。

◎カルガリー市内
昭和57（1982）年8月　撮影：矢崎康雄

えちぜん鉄道〜誕生秘話と個性あふれる施策〜　蜂谷あすみ

誕生の経緯も、そして取り組みも一風変わった第三セクター方式の鉄道会社が福井にあるのをご存じだろうか。2000年、2001年と2度にわたる列車衝突事故を起こした京福電気鉄道を引き継ぎ2002年9月に設立されたえちぜん鉄道のことを指す。本稿では、何がどう「一風変わっているのか」をご紹介していく。まずは、なぜ「えちぜん鉄道」が福井に求められたのか、その経緯を見ていこう。

京福電気鉄道時代〜「乗る運動」〜

えちぜん鉄道の前身にあたる京福電気鉄道は、越前本線(現勝山永平寺線、1914年開業)、永平寺線(東古市〜永平寺、1924年開業)、三国芦原線(1928年開業)の3路線を有する会社だった。1964年には輸送人員が1,500万人を超えピークに達するも、その後は、下降をたどり、1989年は400万人を下回る状況だった。そこで会社は1992年には、越前本線東古市〜勝山、および永平寺線のバス代行を提案するも、沿線自治体側は存続を要望。1993年度から回数券や定期券購入者に補助を出すなど、「乗る運動」を始めた。さらに、1997年3月には県、並びに沿線自治体と京福電気鉄道の間で欠損金を行政が補填することを前提とした存続で基本合意に至った。新車、モハ5001形2両が導入され、1999年12月より運用についた。

撤退への引き金、2度の衝突事故

2000年12月17日、永平寺線を走行中の列車が諏訪間で停車できず、東古市を通過、越前本線を福井方面へと暴走し、越前本線の下り列車と正面衝突事故を起こした。永平寺線の運転士が死亡したほか、越前本線の乗客乗員合わせて25名が重軽傷を負った。原因は、永平寺線のブレーキロッドが折損し、制動力を失っていたことによる。

さらに2001年6月24日、越前本線勝山発福井行き上り普通列車が発坂を発車後に下り急行列車と正面衝突。乗客乗員合わせて25人が重軽傷を負った。原因は上り列車の運転士が信号を確認しないまま発車したことによる。事故車両は1999年に運用についたばかりのモハ5001形5002号だった。

これを受けて国土交通省中部運輸局は当日のうち

に、翌日から全線で運行を停止させる命令を、7月19日には鉄道事業法に基づく「安全確保に関する業務改善命令」を発出した。本命令に伴う改修には巨額の費用が想定されたことから、京福電気鉄道は2001年10月19日付けで中部運輸局に事業廃止届を提出し、福井県内の事業から撤退する意思を表明した。

負の社会実験～えちぜん鉄道の誕生～

　列車運行の停止に伴い、沿線では代行バスの運行が始まったものの、乗客の積み残しが発生、さらに、当初は電車の3倍の時間を要し、高校生の遅刻が常態化した。そこで高校生たちが代行バスではなく、親の送迎に依存するようになったことで、道路渋滞の激化を引き起こす悪循環が発生した。また、送迎負担の大きさゆえ、子どもたちには進学先の制約が課される状況へと至った。この一連の連鎖は「負の社会実験」として知られ、沿線住民からは鉄道存続を求める声が聞かれた。そこで自治体では協議を重ね、2002年1月22日の「知事と沿線市町村会議」にて、越前本線と三国芦原線を第三セクター方式存続させること、また永平寺線についてはバス転換、すなわち廃止とすることで最終合意を得た。

　2002年9月17日付で「えちぜん鉄道株式会社」の

登記が完了し、2003年7月20日、勝山永平寺線福井～永平寺口と、三国芦原線福井口～西長田で運行を開始した。また、残りの三国芦原線西長田～三国港は2003年8月10日に、勝山永平寺線永平寺口～勝山は10月19日に営業運転を再開した。

　直近の輸送人員数は2016年度3,558,628人、2017年度3,602,920人、2018年度3,699,553人、2019年度3,624,826人、2020年度2,650,826人で推移。また、主要株主には沿線自治体が名を連ね、具体的な保有率は坂井市（17.4%）勝山市（16.7%）、福井市（16.1%）、永平寺町（12.6%）、あわら市（7.0%）となっている。

えちぜん鉄道の路線紹介

　えちぜん鉄道が運行している路線は、福井駅から勝山駅までの勝山永平寺線27.8km、福井口駅から三国港駅までの三国芦原線25.2kmの2路線計53.0kmだ。勝山永平寺線は、九頭竜川沿いの山間部を走る路線で、沿線には「大本山永平寺」、「福井県立恐竜博物館」といった観光地を有している。一方の、三国芦原線は、坂井平野を経由して海のほど近く、三国港駅まで至る路線。勝山永平寺線とは対照的に、田園地帯の平野部を走り抜ける。沿線には関西の奥座敷として知られる「芦原温泉」が位置する。なお、三国芦原線の起点は福井口駅であるものの、全列車が福井駅へ、また2016年以降は福井鉄道福武線への乗り入れも行っている。

　えちぜん鉄道は沿線の住人や自治体に密着した姿勢がさまざまな面でみられる。以下では、そのなかでも特徴的な施策、取り組みを紹介していく。

アテンダント

　えちぜん鉄道の特徴的な施策としては、2003年に導入したアテンダント（客室乗務員）がある。業務は、無人駅から乗車する人へのきっぷの販売、有人駅での安全確認、さらに乗降の補助、観光案内と多岐にわたる。アテンダントの存在は、地元でも広く知れ渡り、親しまれる存在だが、「あくまでソフト面でのバリアフリー」であり、乗客を呼ぶための取り組みではないことから、会社として広告塔のような形で全面に打ち出すことはしない。アテンダントの日常の利用者との距離は近く、顔見知りになるとちょっとした会話が交

わされるほか、きっぷをなくさないように「あらかじめアテンダントに預けておく」といった方も乗車中には見受けられる。

コロナの影響と特徴的な対応

　コロナ禍により、2020年の春には県内の学校も休校措置が取られたことにより、通学定期券の利用者は、2020年度上半期でみると前年比60％に着地した。また、通勤定期券の利用者は、2020年度上半期は前年比95％だった。通学は休校措置が解除されて以降も、また通勤は通年で昨対比を割り込む状況が続いていた。これは、不特定多数が利用する列車を避け、親の車に送迎してもらう生徒が増えたこと、これまで公共交通機関での通勤を推奨していた企業が、同様の理由でマイカー通勤を推すようになったことによる。この休校期間に対して、同社は「通学定期券の延長」という非常に珍しい対応を選んだ。一般的に定期券の延長措置がなされるのは、変電所トラブルやレール破損など、鉄道事業者側の理由により5日以上運休が発生した場合であり、今回のような場合は利用者が「払い戻し」を行う以外に選択肢はない。ただし、払い戻しの場合は1か月単位となるのが原則。たとえば残りの有効期間が3か月と20日の場合は、利用者の手元に返ってくるのは3か月分。また1か月定期券の場合は、1日でも使ってしまえば、払い戻されることはない。

　一方、延長措置の場合は、1日単位で有効期間が延ばす柔軟な対応が可能で、利用者側に負担を強いることはない。特に通学定期券は、家庭ごとの負担。全額

戻ってくるわけではないのに払い戻しを行い、再度購入する精神的な辛さを考慮した。ただし定期券の有効期間を延長するにしても、差し替えによる窓口業務負担が生じるのは必至だ。そこでえちぜん鉄道では、通学定期利用者の学校別の名簿、さらに差替用の定期券を作成し、差し替え作業自体は各学校に依頼することとした。

サポーターズクラブ

　地域住民も一体となった取り組みとしては、2005年委行政と、サポート団体、えちぜん鉄道の3団体が中心となって発足した会員組織「サポーターズクラブ」が挙げられる。いわばファンクラブの位置づけで、1000円の年会費（定期利用者は無料）で、運賃1割引（65歳以上は2割引）といったサービスが受けられるほか、加盟する飲食店などでも会員証の提示で割引が適用される。一方、加盟店側は2000円の年会費で、会員向け冊子や電車広告などへの掲載といったメリットが教授できる。

相互乗り入れ

　三国芦原線では2016年3月から越前武生駅～田原町駅を走る福井鉄道福武線と相互直通運転「フェニックス田原町ライン」を開始した。田原町駅で連接し、越前武生駅から三国芦原線の鷲塚針原駅までの26.9kmを結ぶ。利用者の動きをみると、通学利用者は福武線から田原町駅を経て一つ隣の鉄大前西福井駅までが圧倒的だ。これは、駅近隣に複数の高校が位置していることによるものだ。一方、通勤の面では、三国芦原線から市役所や県庁の最寄り駅である福武線福井城址大名町停留所までの利用が多い。土日祝日のいわゆる非日常利用者については、イベントの開催などで大きく左右され、月によって動きが異なるそうだ。相互直通では、えちぜん鉄道側の「ki-bo」、福井鉄道側のF1000形、通称「フクラム」が運用に入っている。

観光列車の導入に向けて

　福井県といえば、注目を集めるのが2024年春の北陸新幹線敦賀開業だ。えちぜん鉄道でも、開業後の集客に向けた施策を計画している。もともと勝山永平寺線の終点、勝山は化石の産出において国内随一であり、世界三大恐竜博物館に数えられる福井県立恐竜博物館が位置している。えちぜん鉄道では従前より1日乗り放題と博物館入場券などがセットになったお得なきっぷを発売している。さらに、2015年春の北陸新幹線金沢開業を見据え、2014年からは土休日や大型連休などを中心に「きょうりゅう電車」を運行。本電車には「きょうりゅう電車」は専用の車両ではなく、通常は普通列車として運行されている車両を充当。そのため、外観には「DINOSAUR EXPRESS」のヘッドマークが掲出、車内に着脱式のトリケラトプス、フクイラプトル、ティラノサウルスのモニュメントを飾りつけるなどにとどまっている。

　2023年春の敦賀開業にあたっては、専用の観光列車「きょうりゅう電車」の導入を決定し、2021年2月に、静岡鉄道1000形の譲受を発表。専用の「きょうりゅう電車」は2023年度運行開始の予定だ。
<鉄道ライター、鉄研三田会会員>

【福井周辺】昭和5（1930）年

地図の下の方に福井市があるが今に比べると市街地域は小さい。福井市は戦災、震災、水害と度重なる災害に見舞われたが復興がなされ、道路などインフラは大きな変貌をしている。地図の作成された時点では福井鉄道の市内乗り入れ区間は未開通であった。北陸本線の福井から福井口までは鉄道線の白い部分に線が入っているが北陸本線と越前電気鉄道の並走線路と考えらえよう。越前電気鉄道は新福井を出ると福井口から右手に進み、終点大野三番（のちの敬服大野）に向かう。新福井を起点として左へ別れやがて右に折れ直進北上するのは三国芦原電鉄で現在のえちぜん鉄道三国芦原線である。この線の上の方にある西永田から北陸本線の丸岡に向かう線は丸岡鉄道である。丸岡鉄道は北陸本線の丸岡から南方向に線路が出ており、すぐ左右に分かれ東方向は城下町の本丸岡、西方向は西長田に向かう。

【永平寺周辺】昭和5（1930）年

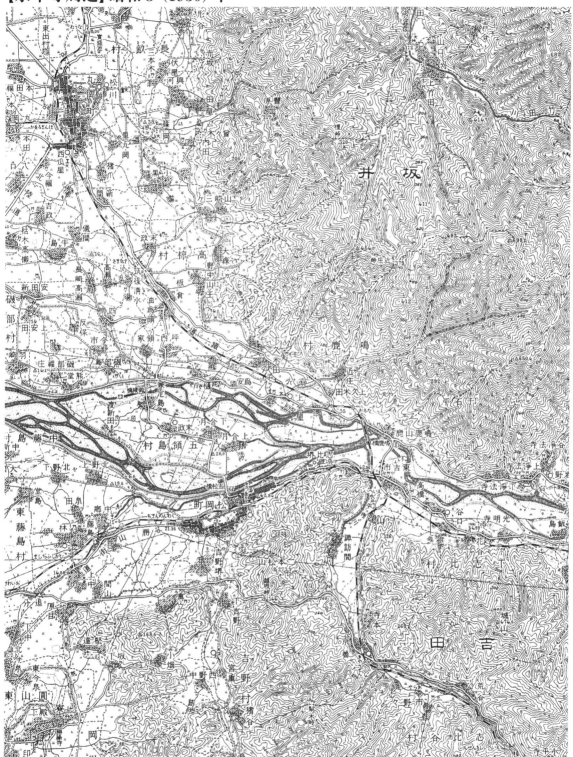

地図の右下を見ると山を分け入った奥に永平寺が存在するのがよくわかる。ここへは北陸本線金津（現在の芦原温泉）からの永平寺鉄道の線路が敷かれ、終点に永平寺門前の駅名がある。この駅はのちに永平寺寄りに移設され、駅名も永平寺に変更された。永平寺鉄道は永平寺から北上すると永平寺口（京福電鉄の時代は東古市）で越前電気鉄道と交わり、九頭竜川を渡る。地図の左上、本丸岡で丸岡鉄道に接続、鉄道は城下町丸岡の西側を通っていて、その先は金津に通じている。この地図に載っている鉄道路線で現在運行されているのは永平寺口を東西に走る越前電気鉄道（のちの京福電気鉄道）今のえちぜん鉄道勝山永平寺線だけである。

【芦原・三国周辺】昭和7（1932）年

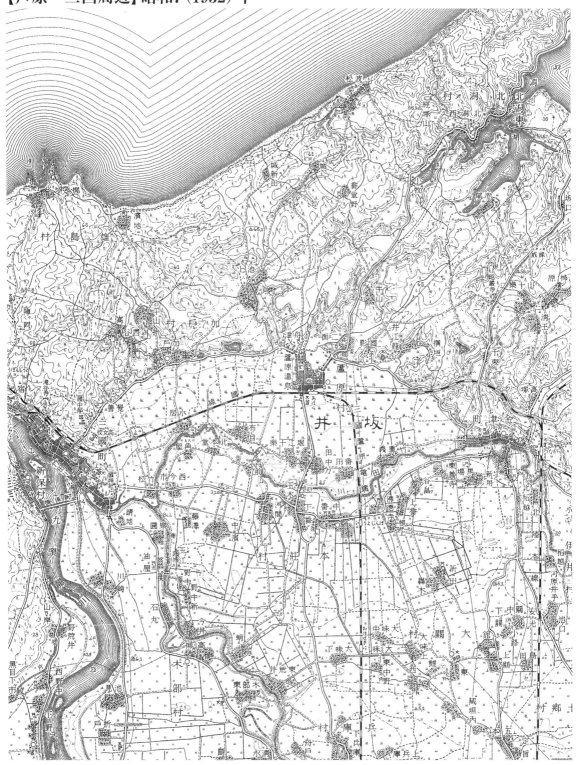

地図の上部中央、芦原町があり、その南側に芦原駅がある。現在はえちぜん鉄道三国芦原線「あわら湯のまち」駅である。ここを通り東西に延びるのが省線三国線で北陸本線金津(1972年に芦原温泉に改名)から三国港9.8kmを結んでいた。地図で見ると芦原から三国は省線三国線と三国芦原電鉄が並走している。三国から先は三国芦原電鉄が省線三国線を越えて右方向に別れ、終点は東尋坊口へ向かった。三国芦原電鉄の三国は「電車三国」と称されここから東尋坊口は戦時下、不要不急線とされ休止、省線の三国～三国港が電化され京福電鉄三国芦原線として運行されるようになった。今はえちぜん鉄道三国芦原線となっている。

【武生・岡本】昭和5（1930）年

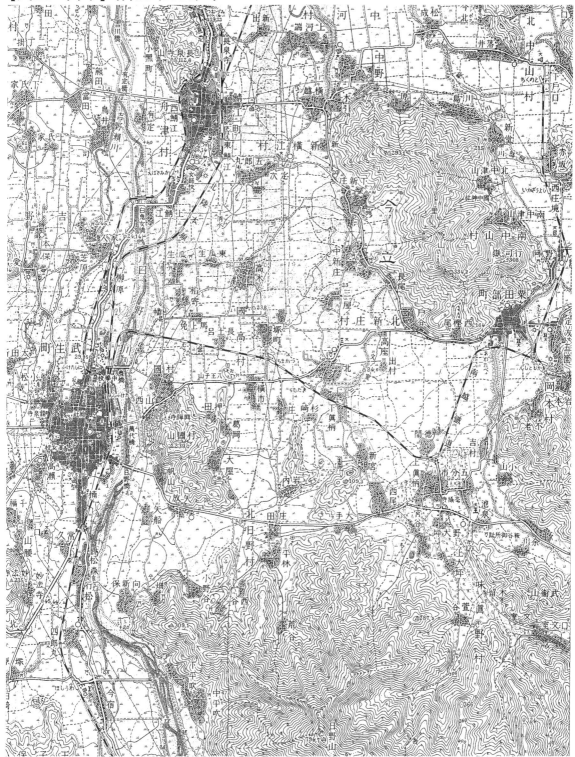

左中央は武生町。国鉄の武生駅を挟んで西側の北に福武線の武生新、東側は南越鉄道の新武生（のちに社武生に改称）があったがこの地図では線路も駅も北陸本線の武生と一緒で区別されていない。南越鉄道は五分市で北方向に曲がり、岡本新は行き止まり式の駅でここからも北上、戸ノ口終点に向かっている。武生の北にある町は鯖江で町の西側は福武電気鉄道、東側は北陸本線が通る。鯖江駅の北方向次の駅は駅名が記されていない。この駅がは北陸本線ではなく鯖浦（せいほ）電気鉄道、東鯖江駅である。開業時はここが起点であった。ここから北陸本線は右へ、鯖浦線は左へ進み、水落で福武電気鉄道と交差している。1959年水落〜鯖江の運行をやめ、福武線の水落駅を現在の位置に移転してこれににつないだが1972年には無くなってしまった。

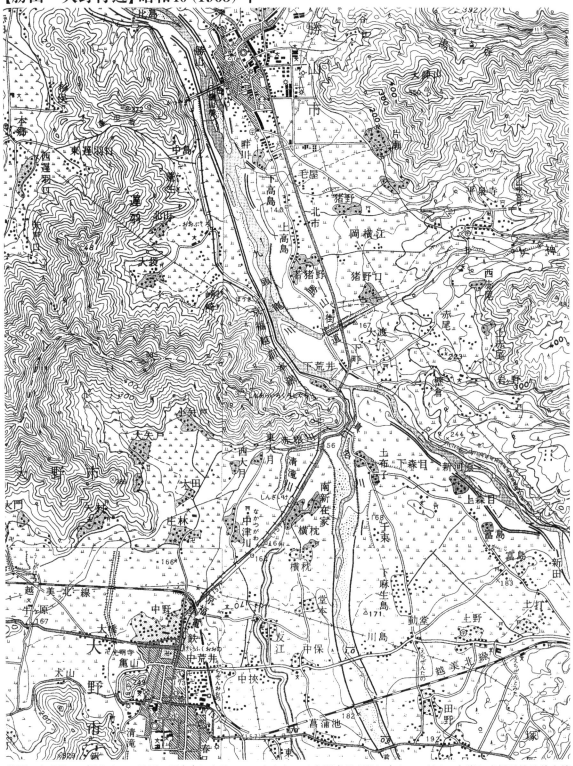

地図の上が北で、福井はこの地図の西方向にある。このあたりでは九頭竜川が北に向かって流れ、左岸に京福電鉄越前本線が走る。上部の町は勝山で駅は九頭竜川を越えた西側にある。南の町は大野である。勝山から終点の京福大野は昭和49（1974）年に廃線になった。地図の中ほど、真名川が九頭竜川に合流するあたりの西に位置する駅は下新井六呂師口駅で下新井トンネルのすぐ手前にある。開通当初の線路は九頭竜川に沿って迂回していたが、開業後10年ほどでこのトンネルが開通し短絡した。しかし断面が小さくモハ3001形など大型車が通れず勝山から大野への車両は限定されていた。京福大野の手前ではあとからできた国鉄越美北線（現在JR西日本九頭竜湖線）が上部で交差している。

あとがき

　福井県の二つの私鉄の50年前をご紹介いたします。これまでご覧いただいた地域に比べ、一部の路線短縮はありましたが、今も元気に地域の人たちの足として頑張っている福井県の鉄道です。それでも今回ご紹介する二つの鉄道、京福電気鉄道と福井鉄道の経営の歴史は決して平坦なものではありませんでした。ご多分に漏れず地方の人口減少（福井県全体の人口は78万6千人余です）は地方私鉄の経営の根幹を揺るがせる事態でありました。京福電鉄の場合、さらに発生した二つの正面衝突事故により、長期間鉄道全線が止まってしまうという異常な事態も発生し、結局、県の援助に頼ることになりましたが、新しい会社は積極的経営で明るさを取り戻しました。

　一方、福井鉄道は一時期大手私鉄の傘下に入りますが、大手が撤退した後も自治体の支援を受けつつ新しい交通システムとして脱皮を図り、さらに京福電鉄を引き継いだえちぜん鉄道との相互乗り入れなど福井市を中心に新しいトロリラインを構築しました。

　確かに二つの鉄道とも50年前に比べると路線の数も長さも縮小し、スリムな形になりましたが、福井県は地方私鉄がまだまだ頑張っている地域で、近い将来開業する北陸新幹線の延伸を含めての新しい変貌も期待できると思います。

2023年5月25日　髙井薫平

参考文献

著者・監修	書名・記事名	雑誌名	巻数	発行所	発行年月
片倉建雄	北陸路を行く 続	CLUB CAR	22	関西鉄道同好會	1948/08
	省電今昔史の追加と訂正 福武デハ4、デハ5の其の後	急電	1	京都鉄道趣味同好会	1949/06
奥野利夫	福井鉄道	急電	4	京都鉄道趣味同好会	1949/09
奥野利夫	京福越前線開業当時の車輌を臆ふ	急電	7	京都鉄道趣味同好会	1949/11
	京福電鉄 越前線をのぞく	急電	7	京都鉄道趣味同好会	1949/11
荒川和敬	電車を訪ねて 第45回 京福電鉄 1	鉄道模型趣味	76	機芸出版社	1954/12
荒川和敬	電車を訪ねて 第45回 京福電鉄 2	鉄道模型趣味	77	機芸出版社	1955/01
	世界の鉄道 1966年版 日本の私鉄電車			朝日新聞社	1965/09
吉川文夫	富山地方鉄道の電気機関車	鉄道ピクトリアル	214	電気車研究会	1967/03
	世界の鉄道 1969年版 電気機関車			朝日新聞社	1968/10
	世界の鉄道 1971年版 各国の客車			朝日新聞社	1970/10
酒井英夫	福井鉄道 上	鉄道ピクトリアル	255	電気車研究会	1971/09
酒井英夫	福井鉄道 中	鉄道ピクトリアル	256	電気車研究会	1971/10
酒井英夫	福井鉄道 下	鉄道ピクトリアル	257	電気車研究会	1971/11
藤原寛	京福電鉄40年の回想	鉄道ピクトリアル	293	電気車研究会	1974/05
藤井信夫	京福電気鉄道 福井支社	鉄道ピクトリアル	295	電気車研究会	1974/07
	世界の鉄道 1975年版 日本のローカル私鉄			朝日新聞社	1974/10
	日本民営鉄道車両形式図集 上編			電気車研究会	1976/01
	日本民営鉄道車両形式図集 下編			電気車研究会	1976/05
杉田肇	私鉄電気機関車ガイドブック 西日本編			誠文堂新光社	1977/02
奥野利夫	50年前の電車 10	鉄道資料	11	鉄道資料保存会	1978/07
	昭和初期の地方電気鉄道 1「最新電動客車明細及形式図集」	鉄道資料	15	鉄道資料保存会	1979/07
宮崎光雄	阪神電車旧形車をたずねて 2	レイル	21	エリエイ出版部	1979/12
藤井信夫	昭和10年代の南海鉄道の車両新造と鋼体化の系譜	鉄道資料	19	鉄道資料保存会	1980/12
服部重敬	北陸の私鉄 2 福井鉄道・京福電気鉄道	レイル		エリエイ出版部	1980/12
坂正博・結解善幸・今田保	私鉄車両編成表 全国版 83年版			ジェー・アール・アール	1983/03
坂正博・結解善幸・今田保	私鉄車両編成表 84年版			ジェー・アール・アール	1984/08
三木理史	他社へ行った阪神の電車	鉄道ピクトリアル	452	電気車研究会	1985/08
飯島巌・白井良和・井上広和	名古屋鉄道	私鉄の車両	11	保育社	1985/12
中田安治	京福越前本線沿革と車輌	レイル	17	エリエイ出版部	1986/02
杉田広紀・三木理史	京福電気鉄道 福井支社 現況	鉄道ピクトリアル	461	電気車研究会	1986/03
松原淳	福井鉄道 現況	鉄道ピクトリアル	461	電気車研究会	1986/03
山口裕之	京福電気鉄道テキ6とその同系車のあゆみ	鉄道ピクトリアル	461	電気車研究会	1986/03
編集部	福井鉄道・京福電気鉄道福井支社	関西の鉄道	24	関西鉄道研究会	1991/04
三木理史	凸型中央通路式電気機関車雑考	関西の鉄道	24	関西鉄道研究会	1991/04
岸由一郎	京福電鉄福井鉄道部 各社分立時代の車両たち 前編	鉄道ピクトリアル	581	電気車研究会	1993/10
岸由一郎	京福電鉄福井鉄道部 各社分立時代の車両たち 後編	鉄道ピクトリアル	583	電気車研究会	1993/11
和久田康雄	私鉄史ハンドブック			電気車研究会	1993/12
日本車両鉄道同好部	日車の車両史 図面集－戦前私鉄編 下			鉄道資料保存会	1996/06
岸由一郎	現有私鉄概説 福井鉄道	鉄道ピクトリアル	626	電気車研究会	1996/09
根本茂	回想 汽車会社をめぐって IV	レイル	37	エリエイ出版部	1998/07
日本車両鉄道同好部	日車の車両史 図面集－戦後私鉄編			鉄道資料保存会	1998/04
諸川久・吉川文夫	総天然色のタイムマシーン			ネコ・パブリッシング	1998/07
関谷克孝・宮田道一	東急碑文谷工場物語	RM LIBRARY	6	ネコ・パブリッシング	2000/01
日本車両鉄道同好部	日車の車両史 写真・図面集－台車編			鉄道資料保存会	2000/02
田尻弘行・阿部一紀・亀井秀夫	買収国電(社形の電車たち)	鉄道ピクトリアル	臨時増刊	電気車研究会	2000/04
岸由一郎	福井鉄道	鉄道ピクトリアル	701	電気車研究会	2001/05
寺田裕一	ローカル私鉄車輌20年 西日本編	キャンブックス		JTB出版事業局	2002/02
岡本英志・岸由一郎・宮田憲誠	京福電気鉄道 越前線写真帖			京福電気鉄道	2003/01
湯口徹	私鉄紀行 北陸道点と線 上	レイル	45	エリエイ出版部	2003/07
寺田裕一	私鉄廃線25年			JTB出版事業局	2003/11
寺田裕一	私鉄機関車30年			JTB出版事業局	2005/11
寺田裕一	ローカル私鉄廃線跡探訪 3 甲信越・東海・北陸	消えた轍	3	ネコ・パブリッシング	2006/08
澤内一晃	東芝戦時形機関車導入過程 1	鉄道ピクトリアル	841	電気車研究会	2010/11
澤内一晃	東芝戦時形機関車導入過程 2	鉄道ピクトリアル	842	電気車研究会	2010/12
澤内一晃	凸型電気機関車の系譜	鉄道ピクトリアル	859	電気車研究会	2012/02
沖田祐作	機関車表 フル・コンプリート版			ネコ・パブリッシング	2014/02
和久田康雄	私鉄史研究資料			電気車研究会	2014/04
清水武	福井鉄道 上	RM LIBRARY	206	ネコ・パブリッシング	2016/10
清水武	福井鉄道 下	RM LIBRARY	207	ネコ・パブリッシング	2016/11
清水武・田中義人	名古屋鉄道車両史			フォトパブリッシング	2019/04
渡邊誠	福井鉄道の電気機関車 デキ3とデキ11			鉄道友の会福井支部	2019/05

車両諸元表

（作成：亀井秀夫）

諸元表注記

車体寸法：単位mm　小数点以下四捨五入　長さ：連結面寸法・最大幅：入口ステップを含む・最大高さ：集電装置付き車両は
　　　　その折り畳み高さ

自重：単位　ton 小数点以下は1位に四捨五入・機関車は運転整備重量

定員：例80（30）総定員80人内座席定員30人を表す

台車：製造所略称・形式、型式名称のないものは台枠構造など表示または無記入
　　　TR,DTは国鉄制定台車型式を表す

軸距：単位mm　小数点以下四捨五入　フィート・インチ軸距は1フィート=304.8mm、1インチ=25.4mmで換算

制御器：製造所略称・形式名記入のない場合、接触器型式・制御方式を表す

主電動機：製造所略称・出力kW×個数　小数点以下四捨五入

内燃機関：製造所略称・連続（定格）出力(PS) &最高出力　小数点以下2位を四捨五入、
　　　　kW換算率　　1kW=1.3596PS・回転数 rpm

車両履歴：M 明治　T大正　S昭和　H平成　R令和

製造所略称：(AEG) Allgemeine Elektrizitäts-Gesellchaft Berlin、(Brill) J.G Brill and Company、(Baldwin) Baldwin Locomotive Works、(ES) Maschinenfabrik Esslingen AG、(GE) General Electric Company、(WH) Westinghouse Electric Corporation、(愛知富士) 愛知富士産業、(梅鉢鉄所) 梅鉢鐵工場・梅鉢鐵工所・梅鉢車輌、(大宮工場) 鉄道省大宮工場、(加藤車輌) 加藤車輌製作所、(川崎造船所) 川崎造船所兵庫工場・本社工場、(川重泉州) 川崎重工泉州工場、(汽車会社) 汽車會社製造、(汽車支店) 汽車会社製造東京支店、(静岡鉄道長沼) 静岡鉄道長沼工場、(相鉄工場) 相模鉄道星川工場、(帝国車輌) 帝国車輌工業→東急車輌製造、(鉄道院新橋) 鉄道院新橋工場→大井工場、(天下茶屋) 南海鉄道天下茶屋工場、(東急車輌) 東急車両製造、(東芝府中) 東芝府中工場、(東洋電機) 東洋電機製造、(東洋レーヨン) 東洋レーヨン滋賀工場、(名古屋車輌) 名古屋車輌工業所、(日車支店) 日本車輌製造東京支店、(日車本店) 日本車輌製造名古屋、(日車) 東京支店・名古屋不明、日鉄自) 日本鉄道自動車工業→日本鉄道自動車、(日立笠戸) 日立製作所笠戸工場、(日立水戸) 日立製作所水戸工場、(武庫川車両) 武庫川車輌工業→阪神メンテナンス、(名鉄住商岐阜) 名鉄住商岐阜工場

鉄道会社名略称：

(池上電鉄) 池上電気鉄道、(越前電鉄) 京都電燈福井支社越前線、(小田原急行) 小田原急行鉄道、(京王帝都) 京王帝都電鉄、(京王電軌) 京王電気軌道、(京浜電鉄) 京浜電気鉄道、(京福電鉄) 京福電気鉄道、(京福電鉄叡山線) 京福電気鉄道叡山線、(庄川水力) 庄川水力電気専用鉄道、(鶴見臨港) 鶴見臨港鉄道、(東急電鉄) 東京急行電鉄、(東横電鉄) 東京横浜電鉄、(富山電鉄) 富山電気鉄道、(名古屋市交) 名古屋市交通局、(南海電鉄) 南海電気鉄道、(阪神電鉄) 阪神電気鉄道、(宮城電鉄) 宮城電気鉄道、(目蒲電鉄) 目黒蒲田電鉄

諸元表各項は廃車時のデータ採用に努めたが、不明の場合は新製時のデータ等を記載するか空白とする。

福井鉄道車両諸元表（電気機関車・電車・客車）

本諸元表は昭和30(1955)年以降から平成11年まで在籍した車両を対象とする。

項目	形式	番号	最大長 mm	最大幅 mm	最大高 mm	自重(荷重) ton	軸配置 定員(座席)	台車 製造所	台車 形式	台車 軸距 mm	制御器 製造所	制御器 形式 制御方式	主電動機 製造所	主電動機 形式	出力kw ×台数
1	デキ1	1	8,790	2,645	4,120	25.0	BB		TR10系改	2,180	GE	MK 電磁単位SW 間接自動制御	東京芝浦	SHM-15	41.0×4
2	デキ2	2	9,600	2,645	4,300	25.0	BB		TR11改	2,450	東京芝浦	RDB 電磁単位SW 間接自動制御	東京芝浦	SE-170	74.6×4
3	デキ1	3	8,390	2,400	3,953	25.0	BB	日鉄自	NTJ-25	1,800	東洋電機	ES530-L 間接非自動制御	東洋電機	TDK516-3E	47.7×4 600V
4	テキ10	11	※2 10,328	※2 2,600	4,200	※2 16.7	BB	日車	C-9	1,500	三菱電機	電磁単位SW 間接非自動制御	芝浦製作所	SE-131A	37.5×2 600V
5	デワ1	1	8,238	2,420	4,200	13.5 3.0	BB	日車	C-9	1,500		直接制御	芝浦製作所	SE-131A	37.5×2 600V
6		2	8,610	2,340	3,730	6.0 7.0	B	Brill	21E	2,290		直接制御	GE	GE-269C	40.3×2 600V
7	デワ3	3	8,001	2,641	3,606	10.5 7.0	B	Brill				直接制御			37.3×2
8	モハ1	1	15,138	2,634	4,167	26.0	90 (40)	Brill	27MCB2	1,981		直接制御	GE	GE-269C	40.3×4 600V
9		2	15,138	2,634	4,167	26.0	90 (40)	Brill	27MCB2	1,981		直接制御	GE	GE-269C	40.3×4 600V
10		3	15,138	2,634	4,167	26.0	90 (40)	Brill	27MCB2	1,981		直接制御	GE	GE-269C	40.3×4 600V
11	モハ10	11	16,060	2,610	4,146	29.6	100 (40)		TR11改	2,438	三菱電機	電磁単位SW 間接非自動制御	三菱電機	MB-104A	78.3×4 600V
12		12	15,113	2,634	4,116	27.0	90 (42)	Brill	27MCB2	1,981	三菱電機	電磁単位SW 間接非自動制御	GE	GE-269C	40.3×4 600V
13	モハ20	21	14,660	2,661	4,155	31.5	100 (44)	日車本店	D-14	2,100	東洋電機	ES517 間接自動制御	三菱電機	MB-104A	78.3×4 600V
14		22	14,694	2,661	4,155	29.3	100 (44)	日車本店	D-14	2,100	三菱電機	電磁単位SW 間接非自動制御	三菱電機	MB-104A	78.3×4 600V
15	モハ30	31	12,840	2,600	4,142	19.3	70 (34)	Brill	27MCB2	1,981	芝浦製作所	RB 直接制御	GE	GE-269C	40.3×4 600V
16		32	12,840	2,600	4,142	19.3	70 (34)	Brill	27MCB2	1,981	芝浦製作所	RB 直接制御	GE	GE-269C	40.3×4 600V
17	モハ40	41	11,890	2,590	4,336	18.3	70 (34)	加藤車輌	BWタイプ	2,134	三菱電機	KR-10 直接制御	三菱電機	MB-98A	60.0×2 600V
18		42	13,840	2,682	4,045	25.3	80 (36)	加藤車輌	BWタイプ	2,134	三菱電機	電磁単位SW 間接非自動制御	神鋼電機	TB-28A	37.5×2 600V
19		43	11,890	2,590	4,336	18.3	70 (34)	Baldwin	78-25A	1,981	三菱電機	KR-10			56.2×2
20	モハ50	51	12,090	2,650	4,288	17.3	70 (34)	Baldwin	78-25A	1,981	三菱電機	KR-10 直接制御			56.2×2
21	モハ60	61	10,500	2,560	4,272	15.0	50 (24)	日車支店	C-9	1,500	芝浦製作所	RB-200B 直接制御	芝浦製作所	SE-131A	37.5×2 600V
22		62	10,500	2,560	4,272	15.0	50 (24)	日車支店	C-9	1,500	芝浦製作所	RB-200B 直接制御	芝浦製作所	SE-131A	37.5×2 600V
23		63①	10,500	2,560	4,272	15.0	50 (24)	日車本店	C-9	1,500	芝浦製作所	RB-200B 直接制御	芝浦製作所	SE-131A	37.5×2 600V
24		64 63②	10,500	2,560	4,272	15.0	50 (24)	日車本店	C-9	1,500	芝浦製作所	RB-200B 直接制御	芝浦製作所	SE-131A	37.5×2 600V
25	モハ70	71	9,321	2,641	3,740	15.7	50 (24)	加藤車輌		1,470	東洋電機	DB1 直接制御			27.4×2
26		72	9,321	2,641	3,740	15.7	50 (24)	加藤車輌		1,470	東洋電機	DB1 直接制御	神鋼電機	TB-28A	37.5×2 600V
27		73	9,321	2,641	3,740	15.7	50 (24)	加藤車輌		1,470	東洋電機	DB1 直接制御			27.4×2
28	モハ80	81	15,990	2,640	4,139	28.9	100 (38)		TR11改	2,438	GE	PC-5G 間接自動制御	三菱電機	MB-104A	78.3×4 600V
29		82①	15,990	2,640	4,139	28.9	100 (38)		TR11改	2,438	GE	PC-5G 間接自動制御	三菱電機	MB-104A	78.3×4 600V
30	モハ80	81	16,500	2,750	4,200	32.4	100 (42)		DT21	2,100	東洋電機	ES555 間接自動制御		MT46A	80.0×4
31		82②	16,540	2,682	4,400	28.5	100 (48)		TR11改	2,438	東洋電機	ES517 間接自動制御	三菱電機	MB-104A	78.3×4 600V
32		83 (82)③	16,500	2,750	4,200	32.4	100 (42)		DT21	2,100	東洋電機	ES555 間接自動制御		MT46A	80.0×4
33		84	16,540	2,682	4,400	28.5	100 (48)		TR11改	2,438	東洋電機	ES517 間接自動制御	三菱電機	MB-104A	78.3×4 600V
34	モハ90	91	15,990	2,552	4,123	28.9	100 (38)		TR11改	2,438	GE	PC-5G 間接自動制御	DK	DK-90B	73.6×4 500V
35		92	15,990	2,552	4,123	28.9	100 (38)		TR11改	2,438	GE	PC-5G 間接自動制御	DK	DK-90B	73.6×4 500V
36	モハ100	101	14,099	2,640	4,139	21.8	80 (40)	Baldwin	78-25A	1,981	東洋電機	DB3 直接制御	東洋電機	TDK516	50.0×2 600V
37		102	14,099	2,640	4,139	21.8	80 (40)	Baldwin	78-25A	1,981	東洋電機	DB3 直接制御	東洋電機	TDK516	50.0×2 600V

福武電気鉄道電気鉄道(1924.02.23開業)南越鉄道(1941.06.01合併)鯖浦電気鉄道(1945.08.01合併)福井鉄道(1945.08.01合併)

車両履歴								備　考
製造所 製番	製造年月 *認可 *竣功届	改造所	製造年月 *認可 *竣功届	改造内容	前所有	旧番号	廃車年月 (用途廃止)	*設計認可*増加届*竣功届
*1芝浦製作所 22040-1	S10.08						S61.07	福武電気鉄道デキ1(S10.10)→福井鉄道デキ1(S20.08)→廃車 *1デハ4電機品・台車 転用(明治43年式)
東芝車輌 30117-1	S24.10						H13.03	三井鉱山三池鉱業所(未入籍)→福井鉄道デキ2(S25.08)→廃車
日鉄自 東洋電機	S26.10	自社工場	S50.08	運転台改造 (主幹制御器・制動弁増設)	遠州鉄道	ED213	H24.--	東洋紡績デキ10⇒名古屋鉄道デキ111→除籍(S43.05)→東洋紡績返却(S43.05)⇒遠州電鉄211(S43.12)(*S44.05)→ED213 改番(S44.09)⇒福井鉄道213 借入(S50.03)→ デキ3(*S50.08)→廃車
梅鉢鉄工	T12.11	自社工場	S55.01 S55.06	直接制御→間接制御化・車体前後面鋼製化 除雪用制御装置改造		デワ1		福武電気鉄道デワ1(*T12.12)→福井鉄道デワ1(S20.08)休車(S46.09)→デキ11(S54.12)→ *2排雪器を含む
梅鉢鉄工	T12.11	自社工場	S27.01 S34.10 S40.10	空制装置設置 ボギー車化・ 木造車体更新 台車変更 菱枠型→C9				福武電気鉄道デワ1(*T12.12)→福井鉄道デワ1(S20.08)→休車(S46.09)→項目4参照
梅鉢鉄工	T12.11	自社工場	S27.01	空制装置設置			S44.09	福武電気鉄道デワ2(T12.11)→福井鉄道デワ2(S20.08)→廃車
名古屋電車	T14.09					デワ1	S37.10	鯖浦電気鉄道デワ1(*T15.10)→福井鉄道デワ3(S22.08)→廃車
梅鉢鉄工	T12.02	自社工場	S39.--	外板鋼製化改造		デハ1	S43.12	福武電気鉄道デハ1(S10.10)→福井鉄道モハ1(S22.08)→廃車
梅鉢鉄工	T12.02					デハ2	S36.11	福武電気鉄道デハ2(S10.10)→福井鉄道モハ2(S20.08)→廃車
梅鉢鉄工	T12.02					デハ3	S38.09	福武電気鉄道デハ3(S10.10)→福井鉄道モハ3(S20.08)→廃車
日車本店	T14.05	広瀬車輌	S23.12	車体新製 デハ4(福井 地震被災)台枠流用			S62.07	福武電気鉄道フハ1(T14.05)→デハ6(S05.01)→福井鉄道モハ11(S22.08)→廃車
日車本店	T14.05	自社工場	*S31.03	台車変更 TR11→27MCB2			S48.10	福武電気鉄道フハ2(*T14.06)→デハ7(*S04.12)→福井鉄道モハ12(*S22.08)→廃車
日車本店	S05.01	自社工場	S30.03 S36.08 S45.03	扉・踏段 自動化 蛍光灯取付 固定編成化・制御装置 変更 ES512→			S61.07	福武電気鉄道デハ11(S05.01)→福井鉄道モハ21(S22.08)→廃車
日車本店	S05.01	自社工場	S30.03 *S36.08	扉・踏段 自動化 蛍光灯取付				福武電気鉄道デハ12(S05.01)→福井鉄道モハ22(S22.08)→ 項目79参照
汽車支店	S07.01	自社工場	*S15.08 *S29.01	BC距離拡大 5,295mm→7,295mm 台車変更	鶴見臨港	モハ21		鶴見臨港鉄道軌道線モハ21(S05.07)→鉄道線(*S12.01)→使用停止(S14.--)⇒福武電気鉄道デハ31(*S15.02)→福井鉄道モハ31(S22.08)→ 項目93参照
汽車支店	S07.01	自社工場	*S15.08 *S29.01	BC距離拡大 5,295mm→7,295mm 台車変更	鶴見臨港	モハ22		鶴見臨港鉄道軌道線モハ22(S05.07)→鉄道線(*S12.01)→使用停止(S14.--)⇒福武電気鉄道デハ32(*S16.05)→福井鉄道モハ32(S22.08)→廃車
加藤車輌	S03.08						S42.09	鯖浦電気鉄道デハ10(*S03.08)→福井鉄道モハ41(S22.08)→廃車
加藤車輌	S04.06	愛知富士	S28.07	車体新製 制御装置変更 直接制御→ 主電動機変更				鯖浦電気鉄道デハ11(S04.06)→福井鉄道モハ42(S22.08)→ 項目55参照
加藤車輌	S06.07		*S39.09	台車変更			S47.10	鯖浦電気鉄道デハ12(*S06.07)→福井鉄道モハ43(S22.08)→廃車
加藤車輌	S15.05	自社工場	*S39.09	台車・主電動機 変更		デハ20		鯖浦電気鉄道デハ20(*S13.05)→福井鉄道モハ51(S22.08)→ 項目80参照
日車支店	S08.10	広瀬車輌 自社工場	S23.11 *S31.09	焼失鋼体復旧(福井震災) 自動踏段設置		デハ21		福武電気鉄道デハ21→福井鉄道モハ61(S22.08)→ 項目59参照
日車支店	S08.10	自社工場	*S31.09	自動踏段設置		デハ22		福武電気鉄道デハ22→福井鉄道モハ62(S22.08)→ 項目58参照
日車本店	S09.--	自社工場	*S31.09	自動踏段設置		デハ23		福武電気鉄道デハ23→福井鉄道モハ63①(S22.08)→ 項目94参照
日車本店	S09.--	自社工場	*S31.09	自動踏段設置		デハ24	S44.09	福武電気鉄道デハ24→福井鉄道モハ64(S22.08)→モハ63②→廃車
名古屋電車	T14.09	加藤車輌	S08.09	ボギー車化改造				鯖浦電気鉄道デ1(*T15.10)→福井鉄道モハ71(S22.08)→ 項目100参照
名古屋電車	T14.09	加藤車輌	S08.09	ボギー車化改造			S41.10	鯖浦電気鉄道デ2(*T15.10)→福井鉄道モハ72(S22.08)→廃車
名古屋電車	T14.09	加藤車輌	S08.09	ボギー車化改造				鯖浦電気鉄道デ3(*T15.10)→福井鉄道モハ73(S22.08)→ 項目101参照
川崎造船所	T10.09	自社工場	*S24.06 S29.04	座席取付 台車変更 →TR11改	南海電鉄	モユニ522		南海鉄道114→102(T13.12)→モハ522(S11.--)→モユニ522(*S15.11)→南海電鉄モユニ522(S22.06)→発送(S23.02)⇒福井鉄道モハ81(*S23.10)→ 項目30参照
川崎造船所	T10.09	自社工場	*S24.06 S29.04	座席取付 台車変更 →TR11改	南海電鉄	モユニ523		南海鉄道115→103(T13.12)→モハ523(S11.--)→モユニ523(*S15.11)→南海電鉄モユニ523(S22.06)→発送(S23.02)⇒福井鉄道モハ82①(*S23.10)→ 項目31参照
川崎造船所	T10.09	日車本店 自社工場 自社工場 自社工場	*S31.03 S53.01 S62.10 H04.08	車体新製 片運転台化(固定編成) 乗務員扉 新設 台車・主電動機変更 冷房化改造		モハ81	H18.04	南海鉄道114→102(T13.--)→モハ522(S11.--)→モユニ522(*S15.11)→南海電鉄モユニ522(S22.06)→発送(S23.02)⇒福井鉄道モハ81(*S23.10)→廃車
川崎造船所	T10.09	日車本店	*S31.03	車体新製		モハ82①		南海鉄道115→103(T13.--)→モハ523(S11.--)→モユニ523(*S15.11)→南海電鉄モユニ523(S22.06)→発送(S23.02)⇒福井鉄道モハ82①(*S23.10)→モハ82②(S31.03)→ 項目81参照
川崎造船所	T10.09	日車本店 自社工場	*S31.03 S63.07	車体新製 クロスシート化・ 台車変更・冷房化		モハ91	H18.04	南海鉄道113→101(T13.12)→モハ521(S11.--)→モハ二521(S14.01)→モユニ521(*S15.11)→南海電鉄モユニ521(S22.06)→発送(S23.01)⇒福井鉄道モハ91(S23.10)→モハ83(S31.03)→モハ82②(S52.04)→廃車
川崎造船所	T10.09	日車本店	*S31.03	車体新製		モハ92		南海鉄道116→104(T13.12)モハ524(S11.--)→モユニ524(*S15.11)→南海電鉄モユニ524(S22.06)→発送(S23.02)⇒福井鉄道モハ92(S23.10)→モハ84(S31.03)→ 項目82参照
川崎造船所	T10.09	自社工場	*S24.06 S29.04	座席取付 台車変更 BW→TR11改	南海電鉄	モユニ521		南海鉄道113→101(T13.12)→モハ521(S11.--)→モハ二521(S14.01)→モユニ521(*S15.11)→南海電鉄モユニ521(S22.06)→発送(S23.01)⇒福井鉄道モハ91(S23.10)→ 項目32参照
川崎造船所	T10.09	自社工場	*S24.06 S29.04	座席取付 台車変更 BW→TR11改	南海電鉄	モユニ524		南海鉄道116→104(T13.12)モハ524(S11.--)→モユニ524(*S15.11)→南海電鉄モユニ524(S22.06)→発送(S23.02)⇒福井鉄道モハ92(S23.10)→ 項目33参照
天野工場	M38.03	自社工場	S28.-- *S29.03	BC距離拡大 7,315mm→8.777mm 台車変更 Brill 27GE2→	東京急行	クハ5201	S39.05	京浜電鉄デ11→クハ11(S08.--)⇒東京急行電鉄クハ5201(S17.05)→廃車(S23.05)⇒発送(S23.06)⇒福井鉄道モハ101(S25.01)→廃車
天野工場	M38.03	自社工場	S28.-- *S29.03	BC距離拡大 7,315mm→8.777mm 台車変更 Brill 27GE2→	東京急行	クハ5202		京浜電鉄デ12→クハ12(S08.--)⇒東京急行電鉄クハ5202(S17.05)→廃車(S23.05)⇒発送(S23.06)⇒福井鉄道モハ102(S25.01)→ 項目102参照

項目	形式	番号	車体寸法 最大長 mm	車体寸法 最大幅 mm	車体寸法 最大高 mm	自重(荷重) ton	軸配置定員(座席)	台車 製造所	台車 形式	台車 軸距 mm	制御器 製造所	制御器 形式 制御方式	主電動機 製造所	主電動機 形式	主電動機 出力kw ×台数
38	モハ100	103	14,099	2,640	4,139	21.8	80(40)	Baldwin	78-25A	1,981	東洋電機	DB3 直接制御	東洋電機	TDK516	50.0×2 600V
39	モハ110	111	16,060	2,640	4,116	31.5	100(44)		TR10改	2,180	三菱電機	電磁単位SW 間接非自動制御	三菱電機	MB-98A	60.0×2 600V
40	モハ120	121	15,840	2,692	4,117	31.5	100(43)	日車本店	D-15	2,100	東洋電機	ES517 間接自動制御	三菱電機	MB-64C	48.8×4
41		122①	15,840	2,692	4,117	31.5	100(43)	日車本店	D-15	2,100	東洋電機	ES517 間接自動制御	三菱電機	MB-64C	48.8×4
42	モハ120	122②	15,805	2,750	4,117	26.5	100(43)	日車本店	ND-108	2,200	東洋電機	ES517 間接自動制御	東芝	SE-525	75.0×4 300V
43	モハ120	121-1	15,805	2,692	4,117	31.5	100(43)	日車本店	D-15	2,100	東洋電機	ES517 間接自動制御	三菱電機	MB-98A	60.0×2 600V
44		121-2	17,195	2,700	3,828	30.5	120(56)	日車本店	D-16B	2,134		ES517 間接自動制御	三菱電機	MB-98A	60.0×2 600V
45		122-1	15,805	2,692	4,117	31.5	100(43)	日車本店	D-15	2,100	東洋電機	ES517 間接自動制御	三菱電機	MB-98A	60.0×2 600V
46		122-2	17,195	2,700	4,103	30.5	120(56)	日車本店	D-16B	2,134		間接自動制御	三菱電機	MB-98A	60.0×2 600V
47	モハ130	131	13,840	2,700	4,215	22.0	80(36)	Brill	27MCB2	1,981	三菱電機	電磁単位SW 間接非自動制御	神鋼電機	TB-28A	37.5×4 600V
48		132	13,840	2,700	4,215	22.0	80(36)	Brill	27MCB2	1,981	三菱電機	電磁単位SW 間接非自動制御	三菱電機	MB-172NR	37.5×4 600V
49	モハ140	141	14,476	2,600	4,172	25.7	100(44)	Brill	27MCB2	1,981	東洋電機	ES517 間接自動制御	東洋電機	TDK516	50.0×4
50		142	14,476	2,600	4,172	25.7	100(44)		BWタイプ	1,981	東洋電機	ES517 間接自動制御	東洋電機	TDK516	50.0×4
51	モハ140-1	141-1	16,600	2,750	4,147	27.5	100(50)	日車本店	D-16A	2,134	東洋電機	ES517 間接自動制御	三菱電機 WH	556-J-6	60.0×
52	モハ140-2	141-2	16,750	2,750	3,813	30.5	100(50)	Brill	27MCB2	1,981		間接自動制御	三菱電機 WH	556-J-6	60.0×
53		142-1	16,600	2,750	4,147	27.5	100(50)	汽車東京	2H-4	2,134	東洋電機	ES517 間接自動制御	三菱電機 WH	556-J-6	60.0×
54		142-2	16,750	2,750	3,813	30.5	100(50)	Brill	27MCB2	1,981		間接自動制御	三菱電機 WH	556-J-6	60.0×
55		143-1	16,250	2,750	4,045	28.6	100(50)	日車	D-14	2,100	東洋電機	ES517 間接自動制御	三菱電機 WH	556-J-6	60.0×
56		143-2	16,750	2,750	3,813	30.5	100(50)	日車本店	D-16B	2,134		間接自動制御	三菱電機 WH	556-J-6	60.0×
57	モハ150	151	17,594	2,680	4,107	34.5	120(56)		TR14改	2,438	三菱電機	電磁単位SW 間接自動制御	三菱電機	MB-98A	60.0×2 600V
58	モハ160	161-1	11,000	2,740	4,265	14.7	75(24)	加藤車輌	BWタイプ	2,185		電磁単位SW 間接非自動制御	三菱電機	MB-64C	48.8×
59		161-2	11,000	2,740	3,930	15.3	75(24)						三菱電機	MB-64C	48.8×
60	モハ200	201-1	15,315	2,750	4,152	24.2	100(56)	日車本店	DT21B ND-108A DT21B	2,100 2,200 2,100	東芝	MCM10-B 間接自動制御		MT54	96.0×2 600V
61		201-2	15,315	2,750	4,035	24.2	100(56)		DT21B	2,100				MT54	96.0×2 600V
62		202-1	15,315	2,750	4,152	24.2	100(56)	日車本店	DT21B ND-108A DT21B	2,100 2,200 2,100	東芝	MCM10-B 間接自動制御		MT54	96.0× 600V
63		202-2	15,315	2,750	4,035	24.2	100(56)							MT54	96.0×2 600V
64		203-1	15,315	2,750	4,152	24.2	100(56)	日車本店	DT21B ND-108A DT21B	2,100 2,200 2,100	東芝	MCM10-B 間接自動制御		MT54	96.0×2 600V
65		203-2	15,315	2,750	4,035	24.2	100(56)							MT54	96.0×2 600V
66	モハ300	301-1	17,840	2,750	4,072	31.9	100(38)	住友金属	FS363 FS363T	2,100	東洋電機	ES577-A 間接自動制御	東洋電機	TDK806-6F	100.0×
67		301-2	17,840	2,750	3,982	31.7	100(38)	住友金属	FS363 FS363T	2,100		間接自動制御	東洋電機	TDK806-6F	100.0×

製造所 製番	製造年月 #認可 *竣功届	改造所	製造年月 #認可 *竣功届	改 造 内 容	前所有	旧番号	廃車年月(用途廃止)	備 考 #設計認可#増加届・竣功届
天野工場 M38.03		自社工場	S28.-- #S29.03	BC距離拡大 7.315mm→8.777mm 台車変更 Brill 27GE2→	東京急行	クハ5203	S38.09	京浜電鉄デ13→ク13(S08.--)→東京急行電鉄クハ5203(S17.05)→廃車(S23.05)→発送(S23.06)⇒福井鉄道モハ103(S25.01)→廃車
鉄道院新橋 T02.--		自社工場 / 名古屋車輛 / 自社工場	S18.07 / S23.12 / #S35.12	デハ5廃車体転用付随車化改造 / 付随客車→電動客車化・鋼体化 / 外板更新・乗務員扉設置	目蒲電鉄	デハ43	S51.--	鉄道院ナデ6143(T03.03)→デハ6295(T03.08)→除籍(T15.01)→目黒蒲田電鉄デハ43(T15.10)→廃車(S02.05)⇒福武電気鉄道デハ5(S02.05)→廃車(S8.08)→車籍復活(#S17.12)→スハフ11(S18.07)→モハ111(#S23.12)→廃車
日車本店 S25.01		自社工場	S47.04 / S52.11	固定編成化 / 制御装置変更 RPC→ES517				福井鉄道モハ121(*S25.06)→ 項目43参照
日車本店 S25.01		自社工場	S47.04 / S52.11	固定編成化＋クハ122 / 制御装置変更 PC-5G→ES517				福井鉄道モハ122①(*S25.06)→ 項目45参照
日車本店 S25.01		自社工場	H09.07	台車変更 TR11→ND-108		モハ122-1	H18.04	福井鉄道モハ122①(*S25.06)→モハ122-1(S57.01)→モハ122②(H09.07)→廃車
日車本店 S24.12		自社工場	S37.03	蛍光灯化		モハ121	H04.03	福井鉄道モハ121(*S25.06)→モハ121-1(S57.01)→廃車
日車本店 S04.01						クハ121	S62.07	三河鉄道デ301→名古屋鉄道モ3001(S16.06)→福井鉄道モハ151(S41.10)→クハ121(S46.12)→モハ121-2(S53.05)→廃車
日車本店 S25.01		自社工場	H08.09	ワンマン化改造		モハ122①		福井鉄道モハ122①(*S25.06)→モハ122-1(S57.01)→ 項目42参照
日車本店 S04.01		自社工場	H08.09	ワンマン化改造		クハ122		三河鉄道デ302→名古屋鉄道モ3002(S16.06)→福井鉄道モハ151(S41.10)→クハ122(S47.04)→モハ122-2(S57.01)→ 項目86参照
自社工場 S37.10		自社工場	S45.06 / S47.01	制御方式変更 直接制御→制御方式変更 SM→SME			S61.01	
自社工場 S38.04		自社工場	S45.08	制御方式変更 直接制御→制御方式変更 SM→AMM			S61.01	
日車本店 S02.04		自社工場	#S39.11 / #S44.06	固定編成化改造＋クハ141 / 自動連結器変更・台車変更	名古屋鉄道	モ701		名古屋鉄道Ⅰデセホ701→名岐鉄道(S05.09)→名古屋鉄道Ⅱ(S10.08)→モ701(S16.02)→福井鉄道借入(S39.03)→福井鉄道モ141(#S39.11)→ 項目52参照
日車本店 S02.04		自社工場	#S39.11 / #S44.06	固定編成化改造＋クハ142 / 自動連結器変更・台車変更	名古屋鉄道	モ705		名古屋鉄道Ⅰデセホ705→名岐鉄道(S05.09)→名古屋鉄道Ⅱ(S10.08)→モ705(S16.02)→福井鉄道借入(S39.03)→福井鉄道モ142(#S39.11)→ 項目54参照
日車本店 (汽車支店) S10.10 (S16.08)		自社工場	S54.03 / S59.02 / S62.11	片運転台化・客扉位置変更 ワンマン化改造 台車変更 2H4→ D-16A	(長野電鉄)	クハ141 (モハ301)	H18.04	瀬戸電気鉄道201(#S11.10)⇒名古屋鉄道キハ301(S14.09)→サ2201(S16.02)→ク2201(S25.--)→福井鉄道譲渡(S39.03)→廃車(S39.12)⇒福井鉄道クハ141(S39.03)→#3モハ141-1(*S54.03)→廃車【#3車体更新[汽車支店 S16.08 長野電鉄モハ151→モハ301(S28.06)→廃車(S53.04)]】
日車本店 (日車本店) S02.04 (S06.03)		自社工場	S54.03 / S59.02	片運転台化・客扉位置変更・セミクロス化 ワンマン化改造	(名古屋鉄道)	クハ141 モ901	H18.04	名古屋鉄道Ⅰデセホ701→名岐鉄道(S05.09)→名古屋鉄道Ⅱ(S10.08)→モ701(S16.02)→福井鉄道借入(S39.03)→福井鉄道モ141(#S39.11)→#4モハ141-2(*S54.03)→廃車【#4名義引継 車体更新[日車本店 S06.03 知多鉄道デハ911→モ911(16.02)→福井鉄道モ911(S18.12)→ク2331(S39.--)→モ901(S41.--)→廃車(S53.03)→発送(S53.04)]】
日車本店 (汽車支店) S02.04 (S16.08)		自社工場	S54.10		(長野電鉄)	クハ142 モハ302	H10.12	瀬戸電気鉄道202(#S11.10)⇒名古屋鉄道キハ302(S14.09)→サ2202(S16.02)→ク2202(S25.07)→福井鉄道譲渡(S39.03)→廃車(S39.12)⇒福井鉄道クハ142(S39.03)→#5モハ142-1(*S54.11)→廃車【#5車体更新[汽車支店 S16.08 長野電鉄モハ152→モハ302(S28.06)→発送(S53.04)]】
日車本店 (日車本店) S02.04 (S06.03)		自社工場	S54.10		(名古屋鉄道)	クハ142 (モ902)	H10.12	名古屋鉄道Ⅰデセホ705→名岐鉄道(S05.09)→名古屋鉄道Ⅱ(S10.08)→モ705(S16.02)→福井鉄道借入(S39.03)→福井鉄道モ142(#S39.11)→#6モハ142-2(*S54.11)→廃車【#6車体更新[日車本店 S06.03 知多鉄道デハ912→モ912(16.02)→福井鉄道モ912(S18.12)→ク2332(S39.--)→モ902(S41.--)→廃車(S53.03)→発送(S53.04)]】
加藤車輛 S03.08						モハ42	H11.06	鯖浦電気鉄道デハ11(S04.06)→福井鉄道モハ42(S22.08)→モハ143-1(*S56.06)→廃車
日車本店 S06.03					名古屋鉄道	モ907	H11.06	知多鉄道デハ917→モ917(S16.02)→名古屋鉄道(S18.12)モ917→ク2337(S39.--)→モ907(S41.--)→廃車(S53.03)→発送(S53.04)⇒福井鉄道モハ141-2(S54.03)→モハ143-2(*S56.06)→廃車
日車本店 S04.01					名古屋鉄道	モ3001		三河鉄道デ301⇒名古屋鉄道モ3001(S16.06)⇒福井鉄道モハ151(S41.09)→ 項目84参照
日車本店 S08.10		自社工場	S43.11 / S56.-- / *S60.06	片運転台撤去・車体連接化改造 台車 C-9→・主電動機 変更 ワンマン化改造		モハ62	H09.09	福武電気鉄道デハ22→福井鉄道モハ62(S22.08)→モハ161-1(S43.11)→廃車
日車本店 S08.10		自社工場	S43.11 / S56.-- / *S60.06	片運転台撤去・車体連接化改造 台車 C-9→・主電動機 変更 ワンマン化改造		モハ61	H09.09	福武電気鉄道デハ21→福井鉄道モハ61(S22.08)→モハ161-2(S43.11)→廃車
日車本店 S35.03		自社工場	H02.07 / H10.10	冷房化改造 台車変更 ND108→ MM変更 SE525→			H27.01	
日車本店 S35.03		自社工場	H02.07 / H10.10	冷房化改造 台車変更 ND108→ MM変更 SE525→			H27.01	
日車本店 S35.03		自社工場	H03.07 / H08.12	冷房化改造 台車変更 ND108→ MM変更 SE525→			H28.03	
日車本店 S35.03		自社工場	H03.07 / H08.12	冷房化改造 台車変更 ND108→ MM変更 SE525→			H28.03	
日車本店 S37.03		自社工場	H01.08 / H10.05	冷房化改造 台車変更 ND108→ MM変更 MT46A→				
日車本店 S37.03		自社工場	H01.08 / H10.05	冷房化改造 台車変更 ND108→ MM変更 MT46A→				
静岡鉄道長沼 S41.10		自社工場	S60.10	先頭車主電動機2個化・冷房改造 クロスシート化	静岡鉄道	クモハ301	H18.04	
静岡鉄道長沼 S41.10		自社工場	S60.10	制御車電動車化(主電動機2個) 冷房改造・クロスシート化	静岡鉄道	クハ301	H18.04	

項目	形式	番号	車体寸法			自重(荷重)ton	軸配置定員(座席)	台車			制御器		主電動機		
			最大長mm	最大幅mm	最大高mm			製造所	形式	軸距mm	製造所	形式 制御方式	製造所	形式	出力kw×台数
68	モハ300	302-1	17,840	2,750	4,072	31.9	100(38)	住友金属	FS363 FS363T	2,100	東洋電機	ES577-A 間接自動制御	東洋電機	TDK806-6F	100.0×2
69		302-2	17,840	2,750	3,982	31.7	100(38)	住友金属	FS363 FS363T	2,100		間接自動制御	東洋電機	TDK806-6F	100.0×2
70		303-1	17,840	2,750	4,072	31.9	100(38)	住友金属	FS363 FS363T	2,100	東洋電機	ES577-A 間接自動制御	東洋電機	TDK806-6F	100.0×2
71		303-2	17,840	2,750	3,982	31.7	100(38)	住友金属	FS363 FS363T	2,100		間接自動制御	東洋電機	TDK806-6F	100.0×2
72	モハ500	501	10,762	2,118	4,050	16.0	64(26)	日車	C-9	1,500	日立製作所	DR-C44	三菱電機	MB-172-NR	37.3×2 600V
73	モハ510	511	11,200	2,200	4,050	13.0	70(30)	日車	C-9	1,500	三菱電機	KR8 直接制御	三菱電機	MB-172-NR	37.3×2 600V
74		512	11,200	2,200	4,050	13.0	70(30)	日車	C-9	1,500	三菱電機	KR8 直接制御	三菱電機	MB-172-NR	37.3×2 600V
75		562	11,200	2,500	4,000	13.2	70(30)	日車本店	NS-7	1,370	東洋電機	DB1 直接制御	東洋電機	TDK526-3B	22.4×4
76	モハ600	601	15,580	2,764	4,100	30.3	92(40)		DT21B	2,100	日立製作所	MMC-LTB-10 間接自動制御		MT46A	80.0×4 600V
77		602	15,580	2,764	4,100	30.3	92(40)	川崎車輌	DT21B	2,100	日立製作所	MMC-LTB-10 間接自動制御		MT46A	80.0×4 600V
78	モハ610	610	15,580	2,765	4,100	30.0	100(46)		DT21B	2,100	日立製作所	MMC-LTB-10 間接自動制御		MT46A	80.0×4 600V
79	クハ20	21	14,660	2,661	3,761	26.5	100(44)		TR-10改	2,180 ?					
80	クハ50	51	12,090	2,650	3,535	15.0	70(34)	Baldwin	78-25-A	1,981					
81	クハ80	81	16,500	2,750	3,885	28.1	100(42)		DT21	2,100					
82		82	16,500	2,750	3,885	28.1	100(42)	日車本店	ND-108	2,200					
83	クハ110	111	18,354	2,740	3,853	27.0	140(70)	Baldwin	78-25A	1981					
84	クハ120	121①	17,594	2,680	3,828	27.5	120(56)		TR14改	2,438					
85	クハ120	122①	17,594	2,680	3,828	26.5	120(56)		TR11	2,450					
86		122②	17,195	2,750	3,828	24.2	120(56)	日車本店	D-16B	2,134					
87	クハ140	141	14,066	2,641	3,780	19.2	100(50)	日車本店	BWタイプ	1,981					
88		142	14,020	2,640	3,780	19.2	100(50)	日車本店	BWタイプ	1,981					
89	クハ150	151	17,594	2,680	3,828	26.5	120(56)		TR11	2,450					
90	クハ610	610	15,580	2,765	3,890	25.3	100(46)		DT21B	2,100					
91	サハ20	21	10,794	2,750	3,455	11.5	80(34)	日車本店	BB-75	1,500					
92		22	10,794	2,750	3,455	11.5	80(34)	日車本店	BB-75	1,500					
93	サハ30	31	12,840	2,600	3,610	15.3	70(34)	Brill	27MCB2	1,981					
94	サハ60	63	10,200	2,680	3,803	12.7	50(24)	Baldwin	78-25A	1,981					
95	ハフ1	1	9,322	2,642	3,594	12.8	48(20)	加藤車輌	アーチバー	1,525					
96	ハ1	2	9,550	2,591	3,352	11.7	40(22)	Brill	27GE-2	1,750					
97		4	[9]9118	[9]2640	[9]3321	[9]7.0	[9]50(22)			[9]3,658					
98		5	9,356	2,640	3,400	11.7	40(22)	汽車会社		1,750					
99		6	[10]9,356	[10]2,640	[10]3,400	[10]10.0	[10]50(22)			[10]3,658					
100	ハフ71	71	9,321	2,641	3,370	13.3	50(24)	加藤車輌		1,470					
101		73	9,321	2,641	3,370	13.3	50(24)	加藤車輌		1,470					
102	ハ100	102	14,099	2,640	3,464	18.3	80(40)	Baldwin	78-25A	1,981					

車両履歴							廃車年月	備　考
製造所 製番	製造年月 #認可 *竣功届	改造所	製造年月 #認可 *竣功届	改造内容	前所有	旧番号	(用途 廃止)	#設計認可 °増加届・竣功届
静岡鉄道長沼	S42.05	自社工場	S62.08	先頭台車主電動機2個化・冷房改造 クロスシート化	静岡鉄道	クモハ302	H18.04	
静岡鉄道長沼	S42.05	自社工場	S62.08	制御車電動車化(主電動機1個) 冷房改造・クロスシート化	静岡鉄道	クハ302	H18.04	
静岡鉄道長沼	S42.10	自社工場	S61.04	先頭台車主電動機2個化・冷房改造 クロスシート化	静岡鉄道	クモハ303	H18.04	
静岡鉄道長沼	S42.10	自社工場	S61.04	制御車電動車化(主電動機2個) 冷房改造・クロスシート化	静岡鉄道	クハ303	H18.04	
日車支店	S04.11					モハ2051	S44.09	武蔵中央電鉄8⇒金石電気鉄道15(S13.04)→北陸鉄道15(S18.10)→モハ1101(S24.10)→モハ2051(S29.--)→電車⇒福井鉄道モハ501(S42.09)→廃車
広瀬車輌	S25.--	自社工場	S39.--	車体改造	北陸鉄道	モハ2061	S44.09	琴平参宮電鉄デハ81⇒北陸鉄道 モハ2061(S38.12)→福井鉄道 モハ511(S42.09)→廃車
広瀬車輌	S25.--	自社工場	S39.--	車体改造	北陸鉄道	モハ2062	S44.09	琴平参宮電鉄デハ83⇒北陸鉄道モハ2062(S38.12)→福井鉄道 モハ512(S42.09)→廃車
日車本店	S31.06	自社工場			名古屋鉄道	モ562	H18.04	北陸鉄道モハ2202⇒名古屋鉄道モ562(S43.04)⇒廃車(S63.07)⇒福井鉄道モハ562(S63.12)→廃車
日立笠戸	S46.11	名鉄住商岐阜	H09.12	側扉3扉→2扉・冷房改造 台車・電動機 豊橋鉄道1900形流用	名古屋市交	1111 (1112)	H24.12	名古屋市交通局1111⇒福井鉄道#7モハ601(H09.12)→廃車 #71112運転台接合
日車本店	S49.02	名鉄住商岐阜	H10.11	側扉3扉→2扉・冷房改造 台車・電動機 豊橋鉄道1900形流用	名古屋市交	1201 (1202)		名古屋市交通局1111⇒福井鉄道#8モハ602(H10.11)→ #81202運転台接合
日車本店	S49.02	名鉄住商岐阜	H11.11	側扉3扉→2扉・冷房改造 台車・電動機 豊橋鉄道1900形流用	名古屋市交	1204	H29.03	名古屋市交通局1204⇒福井鉄道モハ610(H11.11)→廃車
日車支店	S05.01	自社工場	S45.03 S51.--	電装解除制御車化 固定編成 +モハ21 補助電動機設置		モハ22	S61.07	武蔵電気鉄道デハ2(S05.01)→福井鉄道モハ22(S22.08)→クハ21(S45.03)→廃車
加藤車輛	S15.05	自社工場	#S46.08	制客車化		デハ20		鯖浦電気鉄道デハ20(#S13.05)→福井鉄道モハ51(S22.08)→クハ51(S46.08)→廃車
川崎造船所	T10.09	自社工場	S53.01 S62.10 H04.08 H04.10	片運転台化(固定編成) 乗務員扉 新設 クロスシート化 冷房化 台車変更 TR11改→		モハ82②	H18.04	南海鉄道モハ115→モハ523→モユニ523(*S15.11)→発送(S23.01)⇒福井鉄道モハ82①(S23.10)→モハ82②(S31.03)→クハ81(S52.04)→廃車
川崎造船所	T10.09	自社工場	S53.01 S63.07	片運転台化(固定編成) 乗務員扉 新設 クロスシート化・冷房化・台車変更(NA-4P)		モハ84	H18.04	南海鉄道116→104(T13.--)モハ524(S11.--)→モユニ524(*S15.11)→発送(S23.02)⇒福井鉄道モハ92(S23.10)→モハ84(S31.03)→クハ82(S52.04)→廃車
日車本店	S13.10				名古屋鉄道	ク2315	S50.11	名古屋鉄道ク2311→ク2315(S23.--)→福井鉄道ク2315貸渡(S44.08)→クハ111(#S45.06)→廃車
日車本店	S04.01					モハ151		三河鉄道デ301⇒名古屋鉄道モ3001(S16.06)→福井鉄道モハ151(S41.10)→クハ121(S46.12)→ 項目44参照
日車本店	S04.01					クハ151		三河鉄道デ302⇒名古屋鉄道モ3002(S16.06)→福井鉄道クハ151(S41.10)→クハ122(S46.12)→ 項目46参照
日車本店	S04.01	自社工場	H09.07	電装解除制御車化		モハ122-2	H18.04	三河鉄道デ302⇒名古屋鉄道モ3002(S16.06)→福井鉄道クハ151(S41.10)→クハ122(S47.04)→モハ122-2(S57.01)→クハ122(H09.07)→廃車
日車本店	S10.10	自社工場	#S39.11	固定編成化改造 +モハ141	名古屋鉄道	ク2201		瀬戸電気鉄道201(*S11.10)⇒名古屋鉄道キハ301(S14.09)→サ2201(S16.03)→ク2201(S25.07)→福井鉄道貸渡(S39.03)→廃車(S39.12)⇒福井鉄道クハ141(S39.03)→ 項目44参照
日車本店	S10.10	自社工場	#S39.11 #S40.01	固定編成化改造 +モハ142 軌道線直通認可	名古屋鉄道	ク2202		瀬戸電気鉄道202(*S11.10)⇒名古屋鉄道キハ302(S14.09)→サ2202(S16.03)→ク2202(S25.07)→福井鉄道貸渡(S39.03)→廃車(S39.12)⇒福井鉄道クハ142(S39.03)→ 項目46参照
日車本店	S04.01				名古屋鉄道	モ3002		三河鉄道デ302⇒名古屋鉄道モ3002(S16.06)→福井鉄道クハ151(S41.10)→ 項目85参照
日車本店	S49.02	名鉄住商岐阜	H11.11	側扉3扉→2扉・冷房改造 台車・電動機 豊橋鉄道1900形流用	名古屋市交	1203	H29.03	名古屋市交通局1203⇒福井鉄道モハ610(H11.11)→廃車
日車本店	S06.01	自社工場	#S42.08		名古屋鉄道	サ2066	S45.--	名岐鉄道キボ56(*S06.02)⇒名古屋鉄道キボ56(S10.08)→サ2066(S16.--)→福井鉄道貸渡(S42.01)→福井鉄道サハ21(S42.08)→廃車
日車本店	S06.05				名古屋鉄道	サ2069	S45.--	名岐鉄道キボ59(*S06.07)⇒名古屋鉄道キボ59(S10.08)→サ2069(S22.--)→福井鉄道貸渡(S42.01)→福井鉄道サハ22(S42.08)→廃車
汽車支店	S07.01	自社工場	#S40.03	付随車化改造		モハ31	S47.10	鶴見臨港鉄道軌道線モハ21(S05.07)→廃線(S12.01)→使用停止(S14.--)⇒福武電気鉄道デハ31(S22.08)→モハ31(S22.08)→ハ31(S40.03)→廃車
日車本店	S09.--	自社工場	#S44.08	付随車化改造		モハ63①	S46.09	福武電気鉄道デハ23→福井鉄道モハ63①(S22.08)→サハ63(S44.09)→廃車
名古屋車輌	T14.09	加藤車輛	S08.11	ボギー車化改造		T1	S37.01	鯖浦電気鉄道T1(*T15.10)→福井鉄道ハフ1(S22.08)→廃車
梅鉢鉄工	*T07.05	自社工場	#S29.07	ボギー車化改造	吉野鉄道	ハ11	S44.09	吉野鉄道ハ11(*T07.05)→南海鉄道ハ5(*T13.06)→福井鉄道ハ2(*T13.04)→福井鉄道ハ2(S22.08)→廃車
梅鉢鉄工	S03.02					ガ2	S36.11	南越鉄道ガ2(*S03.03)⇒福武電気鉄道(S16.07)ガ2→福井鉄道ガ2→ハ4(S26.02)→廃車 #9ガ2製作時数値
梅鉢鉄工	S04.03	自社工場	S29.12	シャロン連結器取付		ガ3	S40.08	南越鉄道ガ3(*S04.04)⇒福武電気鉄道(S16.07)ガ3→福井鉄道ガ3→ハ5(S26.02)→廃車
梅鉢鉄工	S05.03					ガ4	S37.10	南越鉄道ガ4(*S05.06)⇒福武電気鉄道(S16.07)ガ4→福井鉄道ガ4→ハ6(S26.02)→廃車 #10ガ4製作時数値
名古屋電車	T14.09	自社工場	#S38.06	付随車化改造		モハ71	S41.10	鯖浦電気鉄道デ1(*T15.10)→福井鉄道モハ71(S22.08)→ハ71(S35.--)→廃車
名古屋電車	T14.09	自社工場	#S38.06	付随車化改造		モハ73	S41.10	鯖浦電気鉄道デ3(*T15.10)→福井鉄道モハ73(S22.08)→ハ73(S35.--)→廃車
天野工場	M38.03	自社工場	#S39.09	付随車化改造		モハ102	S43.09	京浜電気鉄道デ12→ク12(S08.--)→東京急行電鉄クハ5202(S17.05)→廃車(S23.05)⇒福井鉄道モハ102(S25.01)→ハ102(#S39.09)→廃車

京福電気鉄道車両諸元表（電気機関車・電車・客車）

本諸元表は昭和30（1955）年以降から平成15（2003）年のえちぜん鉄道への事業譲渡まで在籍した車両を対象とする。

項目	形式	番号	車体寸法 最大長 mm	最大幅 mm	最大高 mm	自重(荷重) ton	軸配置 定員(座席)	台車 製造所	形式	軸距 mm	制御器 製造所	形式 制御方式	主電動機 製造所	形式	出力kw ×台数
1	テキ6	6	7,271	2,430	3,710	9.06 2.0	B	Brill	21-E	2,438	GE	K-39-C 直接制御	GE	GE-281-B	52.0×2 600V
2	テキ7	7	7,316	2,285	3,930	8.64	B	Brill	21-E	2,438	東洋電機	DB-3 直接制御	GE	GE-281-B	52.0×2 600V
3		9	7,316	2,285	3,930	8.64	B	Brill	21-E	2,438	東洋電機	DB-3 直接制御	GE	GE-281-B	52.0×2 600V
4	テキ20	20	7,271	2,430	3,710	8.95	B	Brill	21-E	2,438	GE	K-39-C 直接制御	GE	GE-281-B	52.0×2 600V
5	テキ100	100	8,115	2,480	4,039	8.00	B	加藤車輌	79-EX	2,896	三菱電機	KR8 直接制御	三菱電機	MB-86A	37.3×2 600V
6	テキ501	501	9,858	2,550	3,915	25.35	BB			2,000		電磁単位SW 間接制御	川崎造船所	K6-703	48.5×4 550V
7	テキ511	511	9,550	2,790	3,795	29.50	C			1,560 4,300		電磁接触器 間接制御	Siemens	MT3 (SPG2600)	210.0×1 540V
8		512	9,550	2,590	3,795	29.00	C			1,560 4,300		電磁接触器 間接制御	Siemens	MT3 (SPG2600)	210.0×1 540V
9	テキ521	521	9,694	2,171	3,915	25.25	BB	日立水戸		1,900	日立製作所	電空単位SW (UPL-20S) 間接制御	日立製作所	HS-255-Cr (TC-H60)	60.0×4 600V
10		522	9,694	2,171	3,915	25.25	BB	日立水戸		1,900	日立製作所	電空単位SW (UPL-20S) 間接制御	日立製作所	HS-255-Cr (TC-H60)	60.0×4 600V
11	テキ531	531	10,250	2,650	3,985	35.00	BB	東芝府中		2,200	東芝府中	電空単位SW 間接制御	東芝府中	SE-125B	85.0×4 600V
12	デワ8	8	9,296	2,641	3,855	9.10 1.00	B	Brill	21-E	2,438	東洋電機	DB-1 直接制御	東洋電機	TDK13-N	48.5×2
13	デワ100	100	8,115	2,480	4,039	8.00 5.00	B	加藤車輌	79-EX	2,896	三菱電機	KR8 直接制御	三菱電機	MB-86A	37.3×2 600V
14	デハ1	1	9,296	2,520	4,043	11.00	48	加藤車輌		1,470	三菱電機	KR8 直接制御	三菱電機	MB-86A	37.3×2 600V
15	ホデハ11	11	14,688	2,654	4,086	29.46	100 (44)	日車本店	D-16	2,134	芝浦製作所	RPC-50 間接自動制御	芝浦製作所	SE-131B	44.7×4 600V
16		12	14,688	2,654	4,086	29.46	100 (44)	日車本店	D-16	2,134	芝浦製作所	RPC-50 間接自動制御	芝浦製作所	SE-131B	44.7×2 600V
17		13	14,688	2,654	3,688	29.90	100 (44)	日車本店	D-16	2,134	芝浦製作所	RPC-50 間接自動制御	芝浦製作所	SE-131B	44.7×2 600V
18		14	14,688	2,654	4,086	29.46	100 (44)	日車本店	D-16	2,134	芝浦製作所	RPC-50 間接自動制御	芝浦製作所	SE-131B	44.7×2 600V
19		15	14,688	2,688	3,688	29.90	100 (44)	日車本店	D-16	2,134	芝浦製作所	RPC-50 間接自動制御	芝浦製作所	SE-131B	44.7×2 600V
20		16	14,688	2,654	4,086	29.46	100 (44)	日車本店	D-16	2,134	芝浦製作所	RPC-50 間接自動制御	芝浦製作所	SE-131B	44.7×2 600V
21		17	14,688	2,688	3,688	29.90	100 (44)	日車本店	D-16	2,134	芝浦製作所	RPC-50 間接自動制御	芝浦製作所	SE-131B	44.7×2 600V
22		18	14,688	2,654	4,086	29.46	100 (44)	日車本店	D-16	2,134	芝浦製作所	RPC-50 間接自動制御	芝浦製作所	SE-131B	44.7×2 600V
23		19	14,688	2,654	4,086	29.46	100 (44)	日車本店	D-16	2,134	芝浦製作所	RPC-50 間接自動制御	芝浦製作所	SE-131B	44.7×2 600V
24	ホデハ21	21	14,688	2,654	4,086	29.42	100 (44)	日車本店	D-16	2,134	芝浦製作所	RPC-50 間接自動制御	芝浦製作所	SE-131B	44.7×2 600V
25	ホデハ101	101	14,329	2,438	3,860	22.32	94 (46)	加藤車輌	BW系	1,905	三菱電機	KR8 直接制御	三菱電機	MB-86A	37.3×4 600V
26	ホデハ102	102	14,694	2,553	3,861	27.00	96 (40)	日車本店	D-14	1,980	三菱電機	KR8 直接制御	三菱電機	MB-86A	37.3×4 600V
27		103	14,694	2,553	3,861	27.00	96 (40)	日車本店	D-14	1,980	三菱電機	KR8 直接制御	三菱電機	MB-86A	37.3×4 600V
28	ホデハ104	104	14,694	2,604	4,070	29.00	96 (40)	日車本店	D-14	1,980	三菱電機	KR8 直接制御	三菱電機	MB-86A	37.3×4 600V
29		105	14,694	2,604	4,070	29.00	96 (40)	日車本店	D-14	1,980	三菱電機	KR8 直接制御	三菱電機	MB-86A	37.3×4 600V
30		106	14,694	2,604	4,070	29.00	96 (40)	日車本店	D-14	1,980	三菱電機	KR8 直接制御	三菱電機	MB-86A	37.3×4 600V
31		107	14,694	2,604	4,070	29.00	96 (40)	日車本店	D-14	1,980	三菱電機	KR8 直接制御	三菱電機	MB-86A	37.3×4 600V
32	ホデハ111	111	11,520	2,640	4,117	21.50	72 (36)	日車	D-12	2,000	芝浦製作所	RK100	芝浦製作所	SE-131B	44.7×2 600V
33		112	11,520	2,640	4,117	21.50	72 (36)	日車	D-12	2,000	芝浦製作所	RK100	芝浦製作所	SE-131B	44.7×2 600V
34	ホデハ201	201	14,814	2,590	3,772	23.00	90 (44)	日車本店	D-16	2,134	三菱電機	電磁単位SW 間接非自動制御			67.5×2 600V
35		202	14,790	2,590	3,940	24.25	100 (44)	日車本店	D-16	2,134	三菱電機	電磁単位SW 間接非自動制御			67.5×2 600V
36	ホデハ211	211	14,693	2,552	3,844	27.43	100 (44)	日車本店	D-16	2,134	三菱電機	電磁単位SW 間接制御	三菱電機	MB-104A	78.3×2 600V
37		212	14,693	2,552	3,844	27.43	100 (44)	日車本店	D-16	2,134	三菱電機	電磁単位SW 間接制御	三菱電機	MB-140A	78.3×2 600V
38	ホデハ221	221	14,694	2,590	3,937	29.25	100 (44)	田中車輌	BWタイプ	2,130	芝浦製作所	RPC-50 間接自動制御	芝浦製作所	SE-131B	44.7×2 600V
39		222	14,694	2,590	3,937	29.25	100 (44)	田中車輌	BWタイプ	2,130	芝浦製作所	RPC-50 間接自動制御	芝浦製作所	SE-131B	44.7×2 600V
40		223	14,694	2,590	3,937	29.25	100 (44)	田中車輌	BWタイプ	2,130	芝浦製作所	RPC-50 間接自動制御	芝浦製作所	SE-131B	44.7×2 600V

京都電燈福井支社越前線〔越前電鉄〕(1914.02.11開業)京福電気鉄道福井支社(1942.03.02事業継承)
三国芦原電鉄(1942.09.01合併)永平寺鉄道・丸岡鉄道(1944.12.01合併)えちぜん鉄道(2003.02.01事業譲渡)

| 製造所製番 | 車両履歴 | | | | | | | 備考 |
	製造年月 #認可 *竣功届	改造所	製造年月 #認可 *竣功届	改造内容	前所有	旧番号	廃車年月(用途廃止)	#設計認可 *増加届・竣功届
梅鉢鉄工所	#T09.05 T09.12	自社工場	#S39.11 S40.11	鋼体化改造			H05.11	越前電鉄テキ6(*T10.01)→京福電鉄テキ6(S17.03)→廃車(H05.11)→車籍復活(H10.09)⇒えちぜん鉄道ML6(H15.02)→廃車(H16.05)→動態保存 勝山駅前(H21.08)
梅鉢鉄工所	T09.12	自社工場	S40.--	鋼体化改造			S44.09	越前電鉄テキ7(*T10.01)→京福電鉄テキ7(S17.03)→廃車
梅鉢鉄工所	T09.12	自社工場	S40.--	鋼体化改造			S49.11	越前電鉄テキ9(*T10.01)→京福電鉄テキ9(S17.03)→廃車
梅鉢鉄工所	T09.12	加藤車輌	S11.03	車体新製 テキ8(S10.04廃車)		テキ8	S50.10	越前電鉄テキ8(#T09.09)→火災焼失(S10.03)⇒廃車(S10.04)→テキ20(#S11.01)→京福電鉄テキ20(S17.03)→廃車
加藤車輌	S05.07						S49.11	永平寺鉄道デワ100(*S05.02)→京福電鉄デワ100(S19.12)→テキ100(S45.09)→廃車
川崎造船所4	T14.12				庄川水力電気	5	S55.11	庄川水力電気5(T14.01)→越前電鉄5(S11.05)→テキ501→廃車
AEG・ES 3578	M45.02	大宮工場 自社工場	S16.10 S25.--	ラック用電動機撤去・両運転台化 歯車比変更 6.50→4.45	鉄道省	EC401	S39.02	鉄道院10000→鉄道省EC401(S03.10)→廃車(S11.04)⇒越前電鉄EC511(*S17.04)→廃車→国鉄譲渡 復元保存
AEG・ES 3579	M45.02	大宮工場 自社工場	S17.03 S25.--	ラック用電動機撤去・両運転台化 歯車比変更 6.50→4.45	鉄道省	EC402	S45.07	鉄道院10001→鉄道省EC402(S03.10)→廃車(S11.04)⇒越前電鉄EC512(*S17.04)→廃車
日立水戸 4868	S24.05	自社工場	S28.03	パンタグラフ化				京福電鉄テキ521(#S24.05)→事業廃止(H15.02)⇒えちぜん鉄道ML521(H15.02)→
日立水戸 4874	S24.05	自社工場	S28.03	パンタグラフ化				京福電鉄テキ522(#S24.05)→事業廃止(H15.02)⇒えちぜん鉄道ML521(H15.02)→
東芝府中 3006334-1	S17.12	自社工場	S39.03	降圧工事 (1500V→600V)	国鉄	ED2811	S55.11	宮城電鉄キ3(*S18.02)→ED353(S18.12)→国有化ED353(S19.05)→ED2811(S36.10)→京福電鉄(S37.02)⇒越前電鉄テキ531(*S39.03)→廃車
名古屋電車	T11.10	自社工場	#S27.01	軸距延長・車体大改造	富山電鉄	2	S44.12	黒部鉄道テオ2→デ2(S04.08)→富山電鉄デ2(S15.03)→丸岡鉄道ホデハ103(*S17.02)→京福電鉄ハ(S19.12)→福井地震大破(S23.06)→廃車(S24.04)→復籍(*S27.01)→デワ8(*S27.10)→廃車
加藤車輌	S05.07							永平寺鉄道デワ100(*S05.02)→京福電鉄デワ100(S19.12)→ 項目5参照
加藤車輌	T14.08	自社工場	#S11.11	ボギー車化改造			S44.09	永平寺鉄道1(*T14.08)→京福電鉄デハ1(S19.12)→廃車
日車本店	S03.12						S49.11	三国芦原電鉄ホデハ11(*S03.12)→京福電鉄ホデハ11(S17.9)→廃車
日車本店	S03.12						S49.11	三国芦原電鉄ホデハ12(*S03.12)→京福電鉄ホデハ12(S17.9)→廃車
日車本店	S03.12	汽車支店	S24.05	戦災復旧			S47.--	三国芦原電鉄ホデハ13(*S03.12)→京福電鉄ホデハ13(S17.9)→戦災焼失(S20.07)→戦災復旧(S24.05)→廃車
日車本店	S03.12						S49.11	三国芦原電鉄ホデハ14(*S03.12)→京福電鉄ホデハ13(S17.9)→廃車
日車本店	S03.12							三国芦原電鉄ホデハ15(*S03.12)→京福電鉄ホデハ15(S17.9)→火災焼失(S32.11)→項目54参照
日車本店	S03.12						S49.11	三国芦原電鉄ホデハ16(*S03.12)→京福電鉄ホデハ16(S17.9)→廃車
日車本店	S04.07	汽車支店	S24.06	戦災復旧				三国芦原電鉄ホデハ17(*S03.12)→京福電鉄ホデハ17(S17.9)→戦災(S20.07)→復旧(S24.06)→火災焼失(S32.11) 項目57参照
日車本店	S04.07						S49.11	三国芦原電鉄ホデハ18(*S03.12)→京福電鉄ホデハ18(S17.9)→廃車
日車本店	S04.07							三国芦原電鉄ホデハ19(*S03.12)→京福電鉄ホデハ19(S17.9)→廃車
日車本店	S04.08	加藤車輌	S10.07	車体新製			S49.11	三国芦原電鉄ホデハ20(*S03.12)→焼失(S10.03)→ホデハ21(#S10.07)→京福電鉄ホデハ21(S17.9)→廃車
加藤車輌	T15.03						S43.10	永平寺鉄道101(*T15.03)→京福電鉄ホデハ101(S17.9)→廃車
日車本店	S04.06						S44.09	永平寺鉄道102(*S04.08)→京福電鉄ホデハ102(S17.9)→廃車
日車本店	S04.06							永平寺鉄道103(*S04.08)→京福電鉄ホデハ103(S17.9)→ 項目56参照
日車本店	S05.02						S47.08	永平寺鉄道104(*S04.08)→京福電鉄ホデハ104(S17.9)→廃車
日車本店	S05.02						S47.08	永平寺鉄道105(*S04.08)→京福電鉄ホデハ105(S17.9)→廃車
日車本店	S05.02						S44.09	永平寺鉄道106(*S04.08)→京福電鉄ホデハ106(S17.9)→廃車
日車本店	S05.02						S44.09	永平寺鉄道107(*S04.08)→京福電鉄ホデハ107(S17.9)→廃車
大阪鉄工所	S05.03 #S05.04						S44.09	丸岡鉄道ホデハ101(*S05.05)→京福電鉄ホデハ111(S19.12)→廃車
大阪鉄工所	S05.03 #S05.04						S44.09	丸岡鉄道ホデハ102(*S05.05)→京福電鉄ホデハ112(S19.12)→廃車
日車本店	S02.06	東洋レーヨン 自社工場	#S24.07 S38.10	鋼体化改造 天井鋼製化改造			S47.08	越前電鉄ホデハ201(*S02.06)→京福電鉄ホデハ201(S17.03)→戦災焼失(S20.07)→復旧(*S24.07)→廃車
日車本店	S02.06	日本海ドッグ 自社工場	S24.10 S38.10	鋼体化改造 天井鋼製化改造			S47.08	越前電鉄ホデハ202(*S02.06)→火災焼失(S24.01)→鋼体化(S24.07)→廃車
日車本店	S03.10						S47.08	越前電鉄ホデハ211(*S03.10)→京福電鉄ホデハ211(S17.03)→廃車
日車本店	S03.10						S47.08	越前電鉄ホデハ212(*S03.10)→京福電鉄ホデハ212(S17.03)→戦災焼失(S20.07)→復旧 →廃車
田中車輌	S05.03						S49.11	越前電鉄ホデハ221(*S05.04)→京福電鉄ホデハ221(S17.03)→廃車
田中車輌	S05.03	日車本店	S33.03	車体新製				越前電鉄ホデハ222(*S05.04)→京福電鉄ホデハ222(S17.03)→焼失(S32.11)→項目56参照
田中車輌	S05.03						S49.11	越前電鉄ホデハ223(*S05.04)→京福電鉄ホデハ223(S17.03)→廃車

項目	形式	番号	車体寸法 最大長 mm	最大幅 mm	最大高 mm	自重(荷重) ton	軸配置定員(座席)	台車 製造所	形式	軸距 mm	制御器 製造所	形式 制御方式	主電動機 製造所	形式	出力kw ×台数
41	ホデハ221	224	14,694	2,590	3,937	29.25	100 (44)	田中車輌	BWタイプ	2,130	芝浦製作所	RPC-50 間接制御	芝浦製作所	SE-131B	44.7×2 600V
42		225	14,694	2,590	3,937	29.25	100 (44)	田中車輌	BWタイプ	2,130	芝浦製作所	RPC-50 間接制御	芝浦製作所	SE-131B	44.7×2 600V
43	ホデハ231	231	14,710	2,590	3,940	27.35	100 (44)		TR11系改	2,438		電空単位SW 間接制御	芝浦製作所	SE-131B	44.7×2 600V
44		232	14,710	2,590	3,940	27.35	100 (44)		TR11系改	2,438		電空単位SW 間接制御	芝浦製作所	SE-131B	44.7×2 600V
45		233	14,710	2,590	3,940	27.35	100 (44)		TR11系改	2,438		電空単位SW 間接制御	芝浦製作所	SE-131B	44.7×2 600V
46	ホデハ241	241①	14,410	2,489	4,080	27.75	100 (32)	Baldwin	BW-84-35AA	1,982	三菱電機	CB-9-131 電空単位SW 間接自動制御	三菱電機	MB-146-SFR	75.0×2 600V
47		242①	14,410	2,489	4,080	27.75	80 (32)	Baldwin	BW-84-35AA	1,982	三菱電機	CB-9-131 電空単位SW 間接自動制御	三菱電機	MB-146-SFR	75.0×2 600V
48		243①	14,410	2,489	4,080	27.75	80 (32)	Baldwin	BW-84-35AA	1,982	三菱電機	CB-9-131 電空単位SW 間接自動制御	三菱電機	MB-146-SFR	75.0×2 600V
49		244①	14,410	2,489	4,080	27.75	80 (32)	Baldwin	BW-84-35AA	1,982	三菱電機	CB-9-131 電空単位SW 間接自動制御	三菱電機	MB-146-SFR	75.0×2 600V
50	モハ241	241②	15,800	2,690	4,055	28.00	100 (48)	Baldwin	BW-84-35AA	1,982	三菱電機	CB-9-131 電空単位SW 間接自動制御	三菱電機	MB-146-SFR	75.0×2 600V
51		242②	15,800	2,690	4,055	28.00	100 (48)	Baldwin	BW-84-35AA	1,982	三菱電機	CB-9-131 電空単位SW 間接自動制御	三菱電機	MB-146-SFR	75.0×2 600V
52		243②	15,800	2,690	4,055	28.00	100 (48)	Baldwin	BW-84-35AA	1,982	三菱電機	CB-9-131 電空単位SW 間接自動制御	三菱電機	MB-146-SFR	75.0×2 600V
53		244②	15,800	2,690	4,055	28.00	100 (48)	Baldwin	BW-84-35AA	1,982	三菱電機	CB-9-131 電空単位SW 間接自動制御	三菱電機	MB-146-SFR	75.0×2 600V
54	ホデハ251 モハ251	251	15,772	2,690	3,985	28.00	100 (48)	日車本店	D-16	2,130	芝浦製作所	RPC-50 間接自動制御	芝浦製作所	SE-131-B	45.0×4 600V
55		252	15,772	2,690	3,985	28.00	100 (48)	日車本店	D-16	2,130	芝浦製作所	RPC-50 間接自動制御	芝浦製作所	SE-131-B	45.0×4 600V
56		253	15,772	2,690	3,985	28.00	100 (48)	日車本店	D-16	2,130	芝浦製作所	RPC-50 間接自動制御	芝浦製作所	SE-131-B	45.0×4 600V
57		254	15,772	2,690	3,985	28.00	100 (48)	日車本店	ND-16	2,050	芝浦製作所	RPC-50 間接自動制御	芝浦製作所	SE-131-B	45.0×4 600V
58	ホデハ261 モハ261	261	14,118	2,640	4,020	25.00	100 (36)	日車本店	D-14	1,830	三菱電機	電磁単位SW 間接制御	東洋電機	TDK31-N	63.4×4 600V
59		262	14,118	2,640	4,020	25.00	100 (36)	日車本店	D-14	1,830	三菱電機	電磁単位SW 間接制御	東洋電機	TDK31-N	63.4×4 600V
60		263	14,118	2,640	4,020	25.00	100 (36)	日車本店	D-14	1,830	三菱電機	電磁単位SW 間接制御	東洋電機	TDK31-N	63.4×4 600V
61	ホデハ271 モハ271	271	15,048	2,720	4,080	29.60	110 (38)	日車本店	D-16	2,130	三菱電機	CB-8-272 間接非自動制御	芝浦製作所	SE-131-B	45.0×4 600V
62		272	15,048	2,720	3,697	29.60	110 (38)	日車本店	D-16	2,130	三菱電機	CB-8-272 間接非自動制御	芝浦製作所	SE-131-B	45.0×4 600V
63		273	15,048	2,720	4,080	29.60	110 (38)	日車本店	D-16	2,130	三菱電機	CB-8-272 間接非自動制御	芝浦製作所	SE-131-B	45.0×4 600V
64	モハ281	281	15,900	2,740	4,169	29.90	130 (44)	日車	D-16	2,130	日立製作所	MMC H-200-AR2 間接自動制御	芝浦製作所	SE-131-B	45.0×4 600V
65		282	15,900	2,740	4,169	29.90	130 (44)	日車	D-16	2,130	日立製作所	MMC H-200-AR2 間接自動制御	芝浦製作所	SE-131-B	45.0×4 600V
66		283	15,900	2,740	4,169	29.90	130 (44)	日車	D-16	2,130	日立製作所	MMC H-200-AR2 間接自動制御	芝浦製作所	SE-131-B	45.0×4 600V
67		284	15,900	2,740	4,169	29.90	130 (44)	日車	D-16	2,130	日立製作所	MMC H-200-AR2 間接自動制御	芝浦製作所	SE-131-B	45.0×4 600V
68	ホデハ301 モハ301	301	17,070	2,743	4,154	28.45	120 (48)	汽車会社	BW系	2,130	東洋電機	ES155-A 間接自動制御	東洋電機	TDK31-SC	56.3×4 600V
69		302	17,070	2,743	4,154	28.45	120 (48)	汽車会社	BW系	2,130	東洋電機	ES155-A 間接自動制御	東洋電機	TDK31-SC	56.3×4 600V
70		303	17,070	2,743	4,154	28.45	120 (48)	汽車会社	BW系	2,130	東洋電機	ES155-A 間接自動制御	東洋電機	TDK31-SC	56.3×4 600V
71		304	17,070	2,743	4,154	28.45	120 (48)	汽車会社	BW系	2,130	東洋電機	ES155-A 間接自動制御	東洋電機	TDK31-SC	56.3×4 600V
72	ホデハ1001 モハ1001	1001	17,830	2,740	4,240	37.04	140 (52)	日車本店	D-18	2,300	東洋電機	ES519-B 間接自動制御	東洋電機	TDK528/9-HM	90.0×4 600V
73		1002	17,830	2,740	4,240	37.00	140 (52)	日車本店	D-18	2,300	東洋電機	ES519-B 間接自動制御	東洋電機	TDK528/9-HM	90.0×4 600V

車両履歴								備考
製造所 製番	製造年月 #認可 *竣功届	改造所	製造年月 #認可 *竣功届	改造内容	前所有	旧番号	廃車年月 (用途廃止)	#設計認可 °増加届・竣功届
田中車輌	S05.03						S49.11	越前電鉄ホデハ224(*S05.04)→京福電鉄ホデハ224(S17.03)→廃車
田中車輌	S05.03						S47.08	越前電鉄ホデハ225(*S05.04)→京福電鉄ホデハ225(S17.03)→廃車
川崎車輌	S12.04	汽車支店	S23.07	被災車体復旧			S49.11	越前電鉄ホデハ231(*S12.08)→京福電鉄ホデハ231(S17.03)→戦災(S20.07)→廃車
川崎車輌	S12.04						S49.11	越前電鉄ホデハ232(*S12.08)→京福電鉄ホデハ232(S17.03)→廃車
川崎車輌	S12.04						S47.08	越前電鉄ホデハ233(*S12.08)→京福電鉄ホデハ233(S17.03)→廃車
日車本店	T15.04	自社工場	S19.02 S24.05 S28.04	改軌改造・附随車化改造 電動車化改造 パンタグラフ化改造		ホデハ31		京福電鉄叡山線デナ11→京福電鉄ホクハ31(#S19.02)→ホデハ31(S24.05)→ホデハ241→項目50参照
日車本店	T15.04	自社工場	S19.02 S24.05 S28.04	改軌改造・附随車化改造 電動車化改造 パンタグラフ化改造		ホデハ32		京福電鉄叡山線デナ12→京福電鉄ホクハ32(#S19.02)→ホデハ32(S24.05)→ホデハ242→項目51参照
日車本店	T15.04	自社工場	S19.02 S24.05 S28.04	改軌改造・附随車化改造 電動車化改造 パンタグラフ化改造		ホデハ33		京福電鉄叡山線デナ13→京福電鉄ホクハ32(#S19.02)→ホデハ33(S24.05)→ホデハ243→項目52参照
日車本店	T15.04	自社工場	S19.02 S24.05 S28.04	改軌改造・附随車化改造 電動車化改造 パンタグラフ化改造		ホデハ34		京福電鉄叡山線デナ14→京福電鉄ホクハ32(#S19.02)→ホデハ34(S24.05)→ホデハ244→項目53参照
日車本店	T15.04	日車本店	S32.06	車体新製			H03.03	京福電鉄叡山線デナ11→京福電鉄ホクハ31(#S19.02)→ホデハ31(S24.05)→ホデハ241→モハ241(S49.11)→廃車
日車本店	T15.04	日車本店	S32.06	車体新製			H03.03	京福電鉄叡山線デナ12→京福電鉄ホクハ32(#S19.02)→ホデハ32(S24.05)→ホデハ242→モハ242(S49.11)→廃車
日車本店	T15.04	アルナ工機	S32.07	車体新製			H03.03	京福電鉄叡山線デナ13→京福電鉄ホクハ33(#S19.02)→ホデハ33(S24.05)→ホデハ243→モハ243(S49.11)→廃車
日車本店	T15.04	アルナ工機	S32.07	車体新製			H01.04	京福電鉄叡山線デナ14→京福電鉄ホクハ34(#S19.02)→ホデハ34(S24.05)→ホデハ244→モハ244(S49.11)→廃車
日車本店	S04.08	日車本店 自社工場	S33.03 S48.05	車体新製・台車変更・主電動機変更		ホデハ15	H14.03	三国芦原電鉄ホデハ15(*S03.12)→京福電鉄ホデハ15(S17.9)→焼失(S32.11)→ホデハ253(S33.03)→モハ253①(S49.11)→モハ251②(S63.11)→衝突事故(H12.12)→廃車
田中車輌	S05.03	日車本店 自社工場	S33.03 S63.12	車体新製 ワンマン化改造		ホデハ222	H14.03	越前電鉄ホデハ222(*S05.04)→京福電鉄ホデハ222(S17.03)→焼失(S32.11)→復旧 ホデハ252(#S33.03)→モハ252(S49.11)→廃車
日車本店	S03.12	日車本店 自社工場	S33.03 S63.12	車体新製 ワンマン化改造		ホデハ103	H03.03	永平寺鉄道103(*S04.08)→京福電鉄ホデハ103(S17.9)→ホデハ251(S33.03)→モハ251①(S49.11)→モハ253②(S63.12)→廃車
日車本店	S04.07	日車本店	S33.03	車体新製		ホデハ17	H03.03	三国芦原電鉄ホデハ17(*S03.12)→京福電鉄ホデハ17(S17.9)→焼失(S32.11)→ホデハ254(S33.03)→モハ254(S49.11)→廃車
日車支店	S16.--	東急車輌	S39.08	台車改軌	京王帝都	#1デハ2408	S51.--	京王電軌クハ408(S17.09)→デハ2408(S19.05)→京王帝都デ2408(S23.06)→廃車(S39.02)→京福電鉄ホデハ261(S39.04)→モハ261(S49.11)→書類上(S50.12)→廃車 #1書類上 デハ2403
日車支店	S16.--	東急車輌	S39.08	台車改軌	京王帝都	#2デハ2402	S51.--	京王電軌クハ402(S17.09)→デハ2402(S19.05)→京王帝都デ2402(S23.06)→廃車(S39.02)→京福電鉄ホデハ262(S39.04)→モハ262(S49.11)→書類上(S50.11)→廃車 #2書類上 デハ2403
日車支店	S16.--	東急車輌	S39.08	台車改軌	京王帝都	#3デハ2404	S51.--	京王電軌クハ404(S17.09)→デハ2404(S19.05)→京王帝都デ2404(S23.06)→廃車(S39.02)→京福電鉄ホデハ263(S39.04)→モハ263(S49.11)→廃車 #3書類上 デハ2410
日車支店	S02.03	本田工業所 自社工場 自社工場	S24.06 S40.-- S48.07	焼失車体復旧 降圧工事・外板更新 台車・主電動機変更 (ホデハ225カラ転用)	相模鉄道	モハ1004	S62.06	小田原急行モハ8⇒東京急行デハ1158(S17.05)→焼失(19.02)⇒相模鉄道ジ1158(S22.06)→復旧(S24.06)→モハ1004(S26.11)→廃車(S39.11)⇒京福電鉄ホデハ271(S39.11)→モハ271(S49.11)→廃車
日車支店	S02.03	相模工場 自社工場 自社工場	S33.04 S40.-- S48.07	中間電動車化改造 降圧工事・外板更新 台車・主電動機変更 (ホデハ16カラ転用)	相模鉄道	モハ1005	S58.06	小田原急行モハ9⇒東京急行デハ1159(S17.05)→相模鉄道ジ1159(S22.06)→モハ1005(S26.11)→廃車(S39.11)⇒京福電鉄ホデハ272(S39.11)→モハ272(S49.11)→廃車
日車支店	S02.03	自社工場	S40.-- S48.07	降圧工事・外板更新 (ホデハ13カラ転用)	相模鉄道	モハ1006	S62.06	小田原急行モハ12⇒東京急行デハ1162(S17.05)→相模鉄道ジ1162(S22.06)→モハ1006(S26.11)→廃車(S39.11)⇒京福電鉄ホデハ273(S39.11)→モハ273(S49.11)→廃車
川崎車輌	S15.02	自社工場	S54.11	車体更新	東急電鉄	デハ3307	S61.11	東横電鉄#4モハ157(S15.02)台枠流用鋼体化→東急電鉄デハ3307(S17.05)→廃車(S50.03)⇒京福電鉄モハ281(*S50.10)→廃車 #4【新橋工場 M44.04 鉄道院ホデハ6113→ナデ6113(T02.04)→デハ6263(T03.08)→廃車(T13.10)⇒目蒲電鉄デハ23(T13.10)→】
川崎車輌	S15.02				東急電鉄	デハ3308	S61.11	東横電鉄#5モハ158(S15.02)台枠流用鋼体化→東急電鉄デハ3308(S17.05)→廃車(S50.03)⇒京福電鉄モハ282(*S50.10)→廃車 #5【新橋工場 M44.04 鉄道院ホデハ6114→ナデ6114(T02.04)→デハ6264(T03.08)→廃車(T13.10)⇒目蒲電鉄デハ24(T13.10)→】
川崎車輌	S15.02				東急電鉄	デハ3309	S61.08	東横電鉄#6モハ159(S15.02)台枠流用鋼体化→東急電鉄デハ3309(S17.05)→廃車(S50.03)⇒京福電鉄モハ283(*S50.10)→廃車 #6【新橋工場 T04.04 鉄道院デハ6312→廃車(S02.07)⇒池上電鉄デハ22→目蒲電鉄モハ32②(S02.09)】
川崎車輌	S15.02				東急電鉄	デハ3306	S61.08	東横電鉄#7モハ156(S15.02)台枠流用鋼体化→東急電鉄デハ3307(S17.05)→廃車(S50.03)⇒京福電鉄モハ284(*S50.10)→廃車 #7【新橋工場 M44.04 鉄道院ホデハ6112→ナデ6112(T02.04)→デハ6262(T03.08)→廃車(T13.10)⇒目蒲電鉄デハ22(T13.10)→】
汽車支店	*S03.08	自社工場	#S22.06		東急電鉄	デハ3255	S53.04	池上電鉄デハ105→目蒲電鉄モハ124(S02.09)→東急電鉄デハ3256(S17.05)⇒京福電鉄ホデハ301(#S22.06)→モハ301(S49.11)→廃車
汽車支店	S05.06	自社工場	#S22.06		東急電鉄	デハ3256	S53.04	池上電鉄デハ201→目蒲電鉄モハ130(S02.09)→東急電鉄デハ3256(S17.05)⇒京福電鉄ホデハ302(#S22.06)→モハ302(S49.11)→廃車
汽車支店	S05.06	自社工場	#S22.06		東急電鉄	デハ3257	S53.04	池上電鉄デハ202→目蒲電鉄モハ131(S02.09)→東急電鉄デハ3257(S17.05)⇒京福電鉄ホデハ303(#S22.06)→モハ303(S49.11)→廃車
汽車支店	*S03.08				東急電鉄	デハ3254	S53.04	池上電鉄デハ104→目蒲電鉄モハ124(S02.09)→東急電鉄デハ3254(S17.05)⇒京福電鉄ホデハ304→廃車
日車本店	#S24.07	自社工場	S54.07	側板一部鋼板張替え・運転台窓Hゴム化			S56.11	京福電鉄ホデハ1001→モハ1001(S49.11)→廃車
日車本店	#S24.07						S56.11	京福電鉄ホデハ1002→モハ1002(S49.11)→事故破損(S56.01)→廃車

項目	形式	番号	車体寸法 最大長 mm	最大幅 mm	最大高 mm	自重 (荷重) ton	軸配置 定員 (座席)	台車 製造所	形式	軸距 mm	制御器 製造所	形式 制御方式	主電動機 製造所	形式	出力kw ×台数
74	ホデハ1001 モハ1001	1003	17,830	2,740	4,240	37.00	140 (52)	日車本店	D-18	2,300	東洋電機	ES519-B 間接自動制御	東洋電機	TDK528/9-HM	90.0×4 600V
75	モハ1101	1101	19,210	2,800	4,140	37.20	118 (50)	川崎車輌	DT21	2,100	日立製作所	MMC-H-10K 間接自動制御	東洋電機	MT46A	80.0×4 300V
76		1102	19,210	2,800	4,140	37.20	118 (50)	川崎車輌	DT21	2,100	日立製作所	MMC-H-10K 間接自動制御	東洋電機	MT46A	80.0×4 300V
77	モハ2001	2001	18,300	2,744	4,160	37.50	130 (58)	汽車会社	K-16R	2,250	芝浦製作所	RPC-54 間接自動制御	川崎車輌	K7-1253AR	75.0×4 600V
78		2002	18,300	2,744	4,160	37.50	130 (58)	汽車会社	K-16R	2,250	芝浦製作所	RPC-54 間接自動制御	川崎車輌	K7-1253AR	75.0×4 600V
79		2003	18,300	2,744	4,160	37.50	130 (58)	汽車会社	K-16R	2,250	芝浦製作所	RPC-54 間接自動制御	三菱電機	MB-146-SFR	75.0×4 600V
80		2004	18,300	2,744	4,160	37.50	130 (58)	汽車会社	K-16	2,250	芝浦製作所	RPC-54 間接自動制御	三菱電機	MB-146-SFR	75.0×4 600V
81		2005	18,300	2,744	4,160	39.00	137 (62)	住友製鋼所	F-19	2,500	芝浦製作所	RPC-54 間接自動制御	三菱電機	MB-146-SFR	75.0×4 600V
82		2006	18,300	2,744	4,160	37.50	137 (62)	汽車会社	K-16	2,250	芝浦製作所	RPC-54 間接自動制御	三菱電機	MB-146-SFR	75.0×4 600V
83		2007	18,300	2,744	4,160	37.50	130 (58)	汽車会社	K-16R	2,250	芝浦製作所	RPC-54 間接自動制御	三菱電機	MB-146-SFR	75.0×4 600V
84		2008	18,300	2,744	4,160	37.50	130 (58)	汽車会社	K-16R	2,250	芝浦製作所	RPC-54 間接自動制御	三菱電機	MB-146-SFR	75.0×4 600V
85		2009	18,300	2,744	4,160	37.50	137 (62)	汽車会社	K-16R	2,250	芝浦製作所	RPC-54 間接自動制御	三菱電機	MB-146-SFR	75.0×4 600V
86		2010	18,300	2,744	4,160	37.50	137 (62)	汽車会社	K-16	2,250	芝浦製作所	RPC-54 間接自動制御	三菱電機	MB-146-SFR	75.0×4 600V
87		2011	18,300	2,744	4,160	39.00	137 (62)	住友金属	F-19	2,500	芝浦製作所	RPC-54 間接自動制御	三菱電機	MB-146-SFR	75.0×4 600V
88		2012	18,300	2,744	4,160	39.00	137 (62)	住友金属	F-19	2,500	芝浦製作所	RPC-54 間接自動制御	三菱電機	MB-146-SFR	75.0×4 600V
89		2013	18,300	2,744	4,160	39.00	137 (62)	住友金属	F-19	2,500	芝浦製作所	RPC-54 間接自動制御	三菱電機	MB-146-SFR	75.0×4 600V
90		2014	18,300	2,744	4,160	39.00	137 (62)	住友金属	F-19	2,500	芝浦製作所	RPC-54 間接自動制御	三菱電機	MB-146-SFR	75.0×4 600V
91		2015	18,300	2,744	4,160	39.00	130 (58)	住友金属	F-19	2,500	芝浦製作所	RPC-54 間接自動制御	三菱電機	MB-146-SFR	75.0×4 600V
92		2016	18,300	2,744	4,160	39.00	130 (58)	住友金属	F-19	2,500	芝浦製作所	RPC-54 間接自動制御	三菱電機	MB-146-SFR	75.0×4 600V
93	モハ2101	2101	19,110	2,800	4,140	38.00	140 (58)	住友金属	F-19	2,500	東芝	MM12-A2 間接自動制御	三菱電機	MB-146-SFR	75.0×4 600V
94		2102	19,110	2,800	4,140	38.00	140 (58)	住友金属	F-19	2,500	東芝	MM12-A2 間接自動制御	三菱電機	MB-146-SFR	75.0×4 600V
95		2103	19,110	2,800	4,140	38.00	140 (58)	住友金属	F-19	2,500	東芝	MM12-A2 間接自動制御	三菱電機	MB-146-SFR	75.0×4 600V
96		2104	19,110	2,800	4,140	38.00	140 (58)	住友金属	F-19	2,500	東芝	MM12-A2 間接自動制御	三菱電機	MB-146-SFR	75.0×4 600V
97		2105	19,110	2,800	4,140	38.00	140 (58)	住友金属	F-19	2,500	東芝	MM12-A2 間接自動制御	三菱電機	MB-146-SFR	75.0×4 600V
98		2106	19,110	2,800	4,140	38.00	140 (58)	住友金属	F-19	2,500	東芝	MM12-A2 間接自動制御	三菱電機	MB-146-SFR	75.0×4 600V
99		2107	19,110	2,800	4,140	38.00	140 (58)	住友金属	F-19	2,500	東芝	MM12-A2 間接自動制御	三菱電機	MB-146-SFR	75.0×4 600V
100		2108	19,110	2,800	4,140	36.50	140 (58)	汽車会社	K-16	2,250	東芝	MM12-A2 間接自動制御	三菱電機	MB-146-SFR	75.0×4 600V
101		2109	19,110	2,800	4,140	36.50	140 (58)	汽車会社	K-16	2,250	東芝	MM12-A2 間接自動制御	三菱電機	MB-146-SFR	75.0×4 600V
102		2110	19,110	2,800	4,140	36.50	140 (58)	汽車会社	K-16	2,250	東芝	MM12-A2 間接自動制御	三菱電機	MB-146-SFR	75.0×4 600V
103		2111	19,110	2,800	4,140	36.50	118 (50)	汽車会社	K-16R	2,250	東芝	MM12-A2 間接自動制御	三菱電機	MB-146-SFR	75.0×4 600V
104		2112	19,110	2,800	4,140	36.50	118 (50)	汽車会社	K-16R	2,250	東芝	MM12-A2 間接自動制御	三菱電機	MB-146-SFR	75.0×4 600V
105		2113	19,210	2,800	4,140	36.50	140 (52)	汽車会社	K-16R	2,250	東芝	MM12-A2 間接自動制御	三菱電機	MB-146-SFR	75.0×4 600V
106		2114	19,210	2,800	4,140	36.50	118 (50)	汽車会社	K-16R	2,250	東芝	MM12-A2 間接自動制御	三菱電機	MB-146-SFR	75.0×4 600V
107		2115	19,210	2,800	4,140	36.50	118 (50)	汽車会社	K-16R	2,250	東芝	MM12-A2 間接自動制御	三菱電機	MB-146-SFR	75.0×4 600V

製造所 製番	製造年月 *認可 *竣功届	改造所	製造年月 *認可 *竣功届	改造内容	前所有	旧番号	廃車年月 (用途廃止)	備考 *設計認可・増加届・竣功届
日車本店	#S24.07						S55.01	京福電鉄ホデハ1003→モハ1003(S49.11)→廃車
武庫川車両	S35.04	武庫川車両 川崎重工	S56.12 H10.07	車体交換(二扉化) 台車変更 主電動機変更・冷房化	阪神電鉄	モハ5108	H14.03	京福電鉄#8モハ1101→衝突事故(H12.12)→廃車 #8【車体 武庫川車両 S53.02 阪神電鉄モハ5108→廃車(S55.10) 電装品 モハ1001】 車体 阪神電鉄モハ5107説有
武庫川車両	S35.04	武庫川車両 川崎重工	S56.12 H10.07	車体交換(二扉化) 台車変更・主電動機変更 更新・冷房化	阪神電鉄	モハ5109	H26.11	京福電鉄#9モハ1102→廃車⇒えちぜん鉄道MC1102(H15.02)→廃車(H26.11) #9【車体 武庫川車両 S53.02 阪神電鉄モハ5109→廃車(S55.10) 電装品 モハ1002】 車体 阪神電鉄モハ5110説有
川崎車輌	S12.06	川重泉州 南海工場 自社工場	S22.23 S36.07 S50.04	戦災復旧 更新修繕 両運転台化	南海電鉄	モハ1225		南海電鉄クハ1904→モハ1225(S14.07)→戦災→南海電鉄モハ1225(S22.06)→廃車(S46.11)⇒京福電鉄ホデハ2001(S46.12)→モハ2001(S49.11)→ 項目106参照
川崎車輌	S12.06	川重泉州 南海工場 自社工場	S22.23 S35.12 S49.04	戦災復旧 更新修繕 両運転台化	南海電鉄	モハ1226		南海鉄道クハ1903→モハ1226(S14.07)→南海電鉄モハ1226(S22.06)→廃車(S46.11)⇒京福電鉄ホデハ2002(S46.12)→モハ2002(S49.11)→ 項目108参照
川崎車輌	S12.06	川重泉州 南海工場 自社工場	S22.23 S33.11 S49.03	戦災復旧 更新修繕 両運転台化	南海電鉄	モハ1223		南海鉄道クハ1906→モハ1223(S14.07)→南海電鉄モハ1223(S22.06)⇒京福電鉄モハ2003(S47.03)→ 項目107参照
汽車支店	S16.08	南海工場 自社工場	S33.07 S50.04	更新修繕 両運転台化	南海電鉄	モハ1238		南海鉄道クハ1913→モハ1564→モハ1238②→モハ1562→モハ1238③(*S21.12)→南海電鉄モハ1238(S22.06)→廃車⇒京福電鉄モハ2004(S47.03)→ 項目101参照
汽車支店	S16.08	川重泉州 南海工場	S24.03 S41.02	戦災復旧 更新修繕	南海電鉄	モハ1235	S58.05	南海鉄道クハ1910→戦災→南海電鉄クハ1910(S22.06)→モハ1235(S24.03)→廃車⇒京福電鉄モハ2005(S47.07)→廃車
日車本店	S11.06	川重泉州 南海工場	S23.-- S37.09	戦災復旧 更新修繕	南海電鉄	モハ1216		南海鉄道モハ1216→戦災→南海電鉄モハ1216(S22.06)→復旧→廃車⇒京福電鉄モハ2006(S47.08)→ 項目98参照
汽車支店	S12.06	南海工場	S34.11	更新修繕	南海電鉄	モハ1219		南海鉄道モハ1219→南海電鉄モハ1219(S22.06)→廃車⇒京福電鉄モハ2007(S47.07)→ 項目105参照
汽車支店	S12.06	南海工場	S35.02	更新修繕	南海電鉄	モハ1220		南海鉄道モハ1220→南海電鉄モハ1220(S22.06)→廃車⇒京福電鉄モハ2008(S47.07)→ 項目104参照
汽車支店	S12.06				南海電鉄	モハ1221		南海鉄道モハ1221→南海電鉄モハ1221(S22.06)→廃車⇒京福電鉄モハ2009(S47.07)→ 項目103参照
川崎車輌	S12.06	南海工場	S37.11	更新修繕	南海電鉄	モハ1228		南海鉄道モハ1228→南海電鉄モハ1228(S22.06)→廃車⇒京福電鉄モハ2010(S47.07)→ 項目102参照
天下茶屋	S12.07	南海工場	S40.03	更新修繕	南海電鉄	モハ1229	S57.06	南海鉄道モハ1053→モハ1229→南海電鉄モハ1216(S22.06)→廃車⇒京福電鉄モハ2011(S47.08)→廃車
汽車東京	S16.08	南海工場	S38.09	更新修繕	南海電鉄	モハ1236	S57.06	南海鉄道モハ1236→南海電鉄モハ1236(S22.06)→廃車⇒京福電鉄モハ2012(S47.07)→廃車
天下茶屋	S12.02	南海工場	S40.01	更新修繕	南海電鉄	モハ1231	S57.10	南海鉄道モハ1231→南海電鉄モハ1231(S22.06)→廃車⇒京福電鉄モハ2013(S47.08)→廃車
天下茶屋	S12.02	富士車輌 南海工場	S23.-- S37.06	戦災復旧 更新修繕	南海電鉄	モハ1232	S57.10	南海鉄道モハ1021→モハ1232(S14.08)→南海電鉄モハ1216(S22.06)→廃車⇒京福電鉄モハ2014(S47.07)→廃車
#10S09.03 天下茶屋		南海工場	S33.12	更新修繕	南海電鉄	モハ1233	S58.10	南海鉄道クハ716→モハ133(S09.03)→モハ1051(S11.03)→モハ1233(S14.08)→南海電鉄モハ12336(S22.06)→廃車⇒京福電鉄モハ2015(S47.07)→廃車 #10木造車鋼体化時
天下茶屋	S12.10	南海工場	S36.04	更新修繕	南海電鉄	モハ1230	S58.05	南海鉄道モハ1054→モハ1230(S14.07)→南海電鉄モハ1230(S22.06)→廃車⇒京福電鉄モハ2016(S47.08)→廃車
武庫川車両	S57.06	自社工場	*H01.12	ワンマン化改造				京福電鉄#11モハ2101(S57.06)→事業廃止(H15.02)⇒えちぜん鉄道MC2101(H15.02)→廃車(H17.11) #11【車体 S37.10 日車本店 阪神電鉄モハ5239 廃車(S57.01) 台車・主電動機 モハ2011】
武庫川車両	S57.06	自社工場	*H01.12	ワンマン化改造				京福電鉄#12モハ2102(S57.06)→事業廃止(H15.02)⇒えちぜん鉄道MC2102(H15.02)→廃車(H17.11) #12【車体 S37.10 日車本店 阪神電鉄モハ5240 廃車(S57.01) 台車・主電動機 モハ2012】
武庫川車両	S57.12	自社工場	*H01.12	ワンマン化改造			H11.10	京福電鉄#13モハ2103(S57.12)→廃車 #13【車体 S37.10 日車本店 阪神電鉄モハ5235 廃車(S56.10) 台車・主電動機 モハ2013】
武庫川車両	S57.12	自社工場	*H01.12	ワンマン化改造			H11.10	京福電鉄#14モハ2104(S57.12)→廃車 #14【車体 S37.10 日車本店 阪神電鉄モハ5236 廃車(S56.10) 台車・主電動機 モハ2014】
武庫川車両	S58.07	自社工場	*H01.12	ワンマン化改造				京福電鉄#15モハ2105(S58.07)→事業廃止(H15.02)⇒えちぜん鉄道MC2105(H15.02)→廃車(H18.08) #15【車体 S36.12 日車本店 阪神電鉄モハ5231 廃車(S58.01) 台車・主電動機 モハ2005】
武庫川車両	S58.07	自社工場	*H01.12	ワンマン化改造				京福電鉄#16モハ2106(S58.07)→事業廃止(H15.02)⇒えちぜん鉄道MC2106(H15.02)→廃車(H18.08) #16【車体 S36.12 日車本店 阪神電鉄モハ5232 廃車(S58.01) 台車・主電動機 モハ2006】
武庫川車両	S58.11	自社工場	*H01.12	ワンマン化改造				京福電鉄#17モハ2107(S58.11)→事業廃止(H15.02)⇒えちぜん鉄道MC2107(H15.02)→廃車(H18.03) #17【車体 S37.10 日車本店 阪神電鉄モハ5233 廃車(S57.03) 台車・主電動機 モハ2015】
日車本店	S11.06	武庫川車両 武庫川車両 自社工場	S58.11 *H01.12 H11.07	車体更新 ワンマン化改造 冷房化改造		モハ2016		南海鉄道モハ1054→モハ1230(S14.07)→南海電鉄モハ1230(S22.06)→廃車→京福電鉄モハ2016(S47.08)→#18モハ2108(S58.11)→事業廃止(H15.02)⇒えちぜん鉄道MC2108(H15.02)→廃車(H25.02) #18【車体 S37.10 汽車会社 阪神電鉄モハ5234 廃車(S57.03)】
日本本店	S04.07	武庫川車両 武庫川車両 自社工場	S59.06 *H01.12 H12.07	車体更新 ワンマン化改造 冷房化改造		モハ2004		南海鉄道クハ1913→クハ1238→モハ1238①→モハ1564→モハ1238②→モハ1562→モハ1238③→南海電鉄モハ1238(S22.06)→廃車京福電鉄モハ2004(S47.03)→#19モハ2109(S59.06)→事業廃止(H15.02)⇒えちぜん鉄道MC2109(H15.02)→廃車(H25.02) #19【車体 S37.10 汽車会社 阪神電鉄モハ5237 廃車(S57.10)】
日車本店	S05.08	武庫川車両 自社工場	S59.06 *H01.12	車体更新 ワンマン化改造		モハ2010		南海鉄道モハ1052→モハ1228→南海電鉄モハ1228(S22.06)→廃車⇒京福電鉄モハ2010(S47.07)→#20モハ2110(S59.06)→事業廃止(H15.02)⇒えちぜん鉄道MC2110(H15.02)→廃車(H18.03) #20【車体 S37.10 汽車会社 阪神電鉄モハ5238 廃車(S57.10)】
日車本店	S05.08	武庫川車両 自社工場	S59.08 *H01.12 H02.03	車体更新 ワンマン化改造 両運転台化改造		モハ2009		南海鉄道モハ1221→南海電鉄モハ1221(S22.06)→廃車京福電鉄モハ2009(S47.07)→#21モハ2111(S59.08)→事業廃止(H15.02)⇒えちぜん鉄道MC2111(H15.02)→廃車(H26.01) #21【車体 S38.04 汽車会社 阪神電鉄モハ5251 廃車(S58.04)】
川崎車輌	S05.08	武庫川車両 自社工場	S59.08 *H01.12 H02.03	改造扱い車体更新 ワンマン化改造 両運転台化改造		モハ2008		南海鉄道モハ1220→南海電鉄モハ1220(S22.06)→廃車⇒京福電鉄モハ2008(S47.07)→#22モハ2112(S59.08)⇒えちぜん鉄道MC2112(H15.02)→廃車(H25.02) #22【車体 S38.04 汽車会社 阪神電鉄モハ5252 廃車(S58.04)】
川崎車輌	S05.08	武庫川車両 自社工場	S60.06 *S63.12	車体更新 ワンマン化改造		モハ2007		南海鉄道モハ1219→南海電鉄モハ1219(S22.06)→廃車⇒京福電鉄モハ2007(S47.07)→#23モハ2113(S60.06)→事業廃止(H15.02)⇒えちぜん鉄道MC2113(H15.02)→廃車(H25.02) #23【車体 S38.04 汽車会社 阪神電鉄モハ5253(廃車 S57.08)】
川崎車輌	S12.06	武庫川車両 武庫川車両	S60.06 *S63.12 H12.07	車体更新 ワンマン化改造 冷房化改造		モハ2001		南海鉄道クハ1904→モハ1225(S14.07)→戦災→京福電鉄ホデハ2001(S46.12)→モハ2001(S49.11)→#24モハ2114(S60.06)→事業廃止(H15.02)⇒えちぜん鉄道MC2114(H15.02)→廃車(H25.01) #24【車体 S38.04 汽車会社 阪神電鉄モハ5254 廃車(S57.08)】
日車本店	S04.07	武庫川車両 自社工場	S60.07 *S63.12	車体更新 ワンマン化改造		モハ2003		南海鉄道クハ1906→モハ1223(S14.07)→南海電鉄モハ1223(S22.06)→廃車→事業廃止(H15.02)⇒京福電鉄モハ2003(S47.03)→#25モハ2115(S60.07)→廃車(H25.01) #25【車体 S38.04 汽車会社 阪神電鉄モハ5249(廃車 S58.04)】

項目	形式	番号	車体寸法			自重(荷重)ton	軸配置定員(座席)	台車			制御器		主電動機		
			最大長mm	最大幅mm	最大高mm			製造所	形式	軸距mm	製造所	形式制御方式	製造所	形式	出力kw×台数
108	モハ2101	2116	19,210	2,800	4,140	36.50	118(50)	汽車会社	K-16R	2,250	東芝	MM12-A2 間接自動制御	三菱電機	MB-146-SFR	75.0×4 600V
109	モハ2201	2201	19,100	2,800	4,140	36.80	119(44)	近畿車輛	DT21	2,100	東芝	PE-15C 間接自動制御	東洋電機	MT46A	80.0×4 300V
110		2202	19,100	2,800	4,140	36.80	119(44)	近畿車輛	DT21	2,100	東芝	PE-15C 間接自動制御	東洋電機	MT46A	80.0×4 300V
111		2203	19,100	2,800	4,140	36.80	119(44)	近畿車輛	DT21	2,100	東芝	PE-15C 間接自動制御	東洋電機	MT46A	80.0×4 300V
112		2204	19,100	2,800	4,140	36.80	119(44)	近畿車輛	DT21	2,100	東芝	PE-15C 間接自動制御	東洋電機	MT46A	80.0×4 300V
113	モハ3001	3001	20,725	2,772	4,160	34.00	142(68)	住友金属	FS-19	2,100	日立製作所	MMC HB-11 間接自動制御	東洋電機	TDK822-A	75.0×4 300V
114		3002	20,725	2,772	4,160	34.00	142(68)	住友金属	FS-19	2,100	日立製作所	MMC HB-11 間接自動制御	東洋電機	TDK822-A	75.0×4 300V
115		3003	20,725	2,772	4,160	34.00	142(68)	住友金属	FS-19	2,100	日立製作所	MMC HB-11 間接自動制御	東洋電機	TDK822-A	75.0×4 300V
116		3004	20,725	2,772	4,160	34.00	142(68)	住友金属	FS-19	2,100	日立製作所	MMC HB-11 間接自動制御	東洋電機	TDK822-A	75.0×4 300V
117		3005	20,725	2,772	4,160	34.00	142(68)	住友金属	FS-19	2,100	日立製作所	MMC HB-11 間接自動制御	東洋電機	TDK822-A	75.0×4 300V
118		3006	20,725	2,772	4,160	34.00	142(68)	住友金属	FS-19	2,100	日立製作所	MMC HB-11 間接自動制御	東洋電機	TDK822-A	75.0×4 300V
119		3007	20,725	2,772	4,160	34.00	142(68)	住友金属	FS-19	2,100	日立製作所	MMC HB-11 間接自動制御	東洋電機	TDK822-A	75.0×4 300V
120		3008	20,725	2,772	4,160	34.00	142(68)	住友金属	FS-19	2,100	日立製作所	MMC HB-11 間接自動制御	東洋電機	TDK822-A	75.0×4 300V
121	モハ5001	5001	20,200	2,772	4,155	39.00	111(43)		DT21	2,100	東芝	PE-30-A2 間接自動制御		MT46A	80.0×4 300V
122		5002	20,200	2,772	4,155	39.00	111(43)		DT21	2,100	東芝	PE-30-A2 間接自動制御		MT46A	80.0×4 300V
123	サハ12	12	7,795	2,540	3,728	6.00	40(20)			3,899					
124	サハ13	14	9,296	2,540	3,613	7.10	48(24)			3,353					
125	ホサハ17	17①	14,730	2,540	3,592	15.00	92(48)		TR10系	2,438					
126		17②	14,694	2,553	3,561	21.00	96(40)		TR10系	2,438					
127		19	14,730	2,614	3,592	17.00	92(48)		TR10系	2,438					
128		20	14,730	2,614	3,592	17.00	92(48)		TR10系	2,438					
129		21	14,730	2,614	3,592	17.00	92(48)		TR10系	2,438					
130	ホクハ31	31②	14,870	2,720	3,820	20.00	94(42)		TR10系	2,438					
131		32②	14,870	2,720	3,820	20.00	94(42)		TR10系	2,438					
132		33②	14,870	2,720	3,820	20.00	94(42)		TR10系	2,438					
133	ホサハ51	51	11,336	2,394	3,477	11.00	76(36)	Brill	76-E	1,470					
134		52	11,336	2,394	3,477	11.00	76(36)	Brill	76-E	1,470					
135	ホサハ61	61	14,730	2,700	3,825	17.70	100(32)		TR11	2,450					
136		62	14,730	2,700	3,825	17.70	100(32)		TR11	2,450					

車両履歴								備考
製造所 製番	製造年月 #認可 *竣功届	改造所	製造年月 #認可 *竣功届	改造内容	前所有	旧番号	廃車年月 (用途 廃止)	#設計認可 #増加届 *竣功届
田中車輌	S04.07	武庫川車両 自社工場 武庫川車両	S60.07 *S63.12 H12.07	車体更新 ワンマン化改造 冷房化改造		モハ2002		南海鉄道クハ1903→モハ1226(S14.07)→南海電鉄モハ1226(S22.06)→廃車 ⇒京福電鉄ホデハ2002(S46.12)→モハ2002(S49.11)→#26モハ2116(S60.07) →廃車(H26.01)　#26【車体 S38.04 汽車会社 阪神電鉄モハ5250(廃車 S58.04)】
武庫川車両	S61.08	自社工場	*S63.12	ワンマン化改造			H13.--	京福電鉄#27モハ2201(S61.08)→事故大破(H13.06)→ #27【車体S33.10 川崎車輌 阪神電鉄モハ3302 廃車(S61.04)】
武庫川車両	S61.10	自社工場	*S63.12	ワンマン化改造				京福電鉄#28モハ2202(S61.10)→事業廃止(H15.02)⇒えちぜん鉄道MC2202(H15.02) →廃車(H18.05)　#28【S33.10 川崎車輌 阪神電鉄モハ3303 廃車(S61.04)】
武庫川車両	S61.11	自社工場	*S63.12	ワンマン化改造				京福電鉄#29モハ2203(S61.11)→事業廃止(H15.02)⇒えちぜん鉄道MC2203(H15.02) →廃車(H18.05)　#29【車体 S33.10 川崎車輌 阪神電鉄モハ3301 廃車(S61.08)】
武庫川車両	S61.11	自社工場	*S63.12	ワンマン化改造				京福電鉄#30モハ2204(S61.11)→事業廃止(H15.02)⇒えちぜん鉄道MC2204(H15.02) →廃車(H26.11)　#30【車体 S33.11 川崎車輌 阪神電鉄モハ3304 廃車(S61.08)】
帝国車輌	S31.12	南海工場 自社工場 自社工場	S49.01 *S49.06 S55.07	譲渡整備 入線整備竣功 車体外板更新	南海電鉄	モハ11009		南海電鉄モハ11009⇒京福電鉄モハ3001(*S49.06)→事業廃止(H15.02) ⇒えちぜん鉄道モハ3001(H15.02)→廃車(H16.10)
帝国車輌	S31.12	南海工場 自社工場	S49.01 *S49.06 S56.01	譲渡整備 入線整備竣功 車体外板更新	南海電鉄	モハ11010		南海電鉄モハ11010⇒京福電鉄モハ3002(*S49.06)→事業廃止(H15.02) ⇒えちぜん鉄道モハ3002(H15.02)→廃車(H16.10)
帝国車輌	S31.12	自社工場	*S49.06 S56.01	入線整備竣功 車体外板更新	南海電鉄	モハ11011		南海電鉄モハ11011⇒京福電鉄モハ3003(*S49.06)→事業廃止(H15.02) ⇒えちぜん鉄道モハ3003(H15.02)→廃車(H16.03)
帝国車輌	S31.12	自社工場	*S49.06 S55.03	入線整備竣功 車体外板更新	南海電鉄	モハ11012		南海電鉄モハ11012⇒京福電鉄モハ3004(*S49.06)→事業廃止(H15.02) ⇒えちぜん鉄道モハ3004(H15.02)→廃車(H16.03)
帝国車輌	S31.12	自社工場	*S49.07 S55.11	入線整備竣功 車体外板更新	南海電鉄	モハ11013		南海電鉄モハ11013⇒京福電鉄モハ3005(*S49.06)→事業廃止(H15.02) ⇒えちぜん鉄道モハ3005(H15.02)→廃車(H16.03)
帝国車輌	S31.12	自社工場	*S49.08 S55.11	入線整備竣功 車体外板更新	南海電鉄	モハ11014		南海電鉄モハ11014⇒京福電鉄モハ3006(*S49.06)→事業廃止(H15.02) ⇒えちぜん鉄道モハ3006(H15.02)→廃車(H16.03)
帝国車輌	S29.08	南海工場 自社工場	*S49.09 S56.07	入線整備竣功 車体更新・ 前面非貫通改造	南海電鉄	モハ11001		南海電鉄モハ11001⇒京福電鉄モハ3007(*S49.06)→事業廃止(H15.02)・ ⇒えちぜん鉄道モハ3007(H15.02)→廃車(H15.11)
帝国車輌	S29.08	南海工場 自社工場	*S49.10 S56.05	入線整備竣功 車体更新・ 前面非貫通改造	南海電鉄	モハ11008		南海電鉄モハ11008⇒京福電鉄モハ3008(*S49.06)→事業廃止(H15.02) ⇒えちぜん鉄道モハ3008(H15.02)→廃車(H15.11)
武庫川車両	H11.12							京福電鉄モハ5001(H12.01)⇒えちぜん鉄道MC5001(H15.02)
武庫川車両	H11.12						H13.--	京福電鉄モハ5002(H12.01)→事故大破(H13.06)→廃車
加藤車輛	T15.07					S38.01		永平寺鉄道12(*T15.08)→ハニ12→京福電鉄ハニ12(S17.09)→廃車(S25.01) →復籍サハ12(*S27.01)→廃車
加藤車輛	T14.08	北陸車輛	S27.02	車体更新		S37.02		越前電鉄電2(#S14.08)→附13(#S05.07)→京福電鉄附14(S17.09)→廃車(S25.01) →サハ14(#S27.01)→廃車⇒日本油槽13→
梅鉢鉄工所	#T09.05							越前電鉄附17(T09.04)→ホクハ17(T14.--)→京福電鉄ホクハ17(S17.09)→ホサハ17 →火災焼失(S32.11)　項目126参照
梅鉢鉄工所	#T09.05						S44.09	越前電鉄附17(T09.04)→ホクハ17(T14.--)→京福電鉄ホクハ17(S17.09)→ホサハ17 →火災焼失(S32.11)→#31復旧(S33.--)→廃車　#31ホデハ103更新空車体流用
梅鉢鉄工所	#T09.05							越前電鉄附19(T09.04)→ホクハ19(T14.--)→京福電鉄ホクハ19(S17.09)→ホサハ19 項目130参照
梅鉢鉄工所	#T09.05							越前電鉄附20(T09.04)→ホクハ20(T14.--)→ホサハ20(S12.--)→ホクハ20 →京福電鉄ホクハ20(S17.09)　項目135参照
梅鉢鉄工所	#T09.05							越前電鉄附21(T09.04)→ホクハ21(T14.--)→ホサハ21(S12.--)→ホクハ21 →京福電鉄ホサハ21(S17.09)→　項目131参照
梅鉢鉄工所	#T09.05						S46.07	越前電鉄附19(T09.04)→ホクハ19(T14.--)→京福電鉄ホクハ19(S17.09)→ホサハ19 →#32ホクハ31②(#S39.06)→廃車 #32【車体 S12.07 川崎車輌 阪神電鉄867 譲渡(S39.06)】
梅鉢鉄工所	#T09.05						S49.11	越前電鉄附21(T09.04)→ホクハ21(T14.--)→ホサハ21(S12.--)→ホクハ21 →京福電鉄ホサハ21(S17.09)→#33ホクハ32(S39.06)→廃車 #33【車体 S12.07 川崎車輌 阪神電鉄875 譲渡(S39.05)】
梅鉢鉄工所	#T09.05						S47.02	越前電鉄附22(T09.04)→ホクハ22(T14.--)→ホサハ22(S12.--)→ホクハ22 →京福電鉄ホサハ22(S17.09)→#34ホクハ33(S39.06)→ #34【車体 S12.07 川崎車輌 阪神電鉄877 譲渡(S39.05)】
梅鉢鉄工所	T10.03				愛宕山鉄道	4	S40.09	北大阪鉄道 7(T10.04)→新京阪鉄道 7(T12.04)→愛宕山鉄道 4 賃貸(#S03.11) →譲受(#S10.09)⇒京福電鉄サハ51(S21.06)→廃車
梅鉢鉄工所	T10.03				愛宕山電鉄	5	S40.09	北大阪鉄道 8(T10.04)→新京阪鉄道 8(T12.04)→愛宕山鉄道 5 賃貸(#S03.11) →譲受(#S10.09)⇒京福電鉄サハ52(S21.06)→廃車
梅鉢鉄工所	#T09.05	帝国車輛	S23.03	台枠流用車体新製		ホクハ18	S47.04	越前電鉄附18(T09.04)→ホクハ18(T14.--)→ホサハ18(S12.--)→ホクハ18 →京福電鉄ホクハ18(S17.09)→戦災焼失(S20.07)⇒ホサハ61(S23.03)→廃車
梅鉢鉄工所	#T09.05	帝国車輛	S23.03	台枠流用車体新製		ホクハ20	S47.04	越前電鉄附20(T09.04)→ホクハ20(T14.--)→ホサハ20(S12.--)→ホクハ20 →京福電鉄ホクハ20(S17.09)→ホサハ62(S23.03)→廃車

【編・著者プロフィール】
髙井薫平（たかいくんぺい）
1937年生まれ、慶応義塾大学法学部法律学科卒1960年卒、地方私鉄巡りは昭和28年の静岡鉄道駿遠線が最初だった。鉄研活動は中学からだが当時は模型専門、高校に進学以来、鉄道研究会,鉄道友の会に属して今日に至る。1961年刊行の朝日新聞社刊「世界の鉄道」創刊号以来の編集メンバー、1960年から鉄道車両部品メーカーに勤務、元日本鉄道工業会理事、元車輛輸出組合(現 J ORSA) 監事、会社退任後は鉄道趣味に本格復帰し、現在は鉄道友の会参与。著書に「軽便追想(ネコ・パブリッシング)」RMライブラリーで『東野鉄道』『上武鉄道』『福島交通軌道線』『弘南鉄道』『鹿児島交通』ほか(ネコ・パブリッシング)、『小型蒸気機関車全記録』(講談社)など。

【執筆・編集協力者の紹介】
矢崎康雄（やざきやすお）
慶應義塾大学商学部1971年卒、学生時代から聞けば何でも知って居る重宝な人、都電とともに幼少期を過ごし、どちらかといえば、路面電車ファンでヨーロッパのほとんどの都市にトラムを見に行った。かつて鉄研三田会が編集した「世界の鉄道」（朝日新聞社）では外国の部分の解説をほとんど一人で担当した。本書では「カラーページ」「ことば解説」「地図、絵図の解説」などを担当した。

亀井秀夫（かめいひでお）
慶應義塾大学法学部政治学科1973年卒、学生時代から私鉄ファンで特に車両データや車両史に詳しい。鉄道車両部品メーカーに勤務し、営業・企画を長く担当した。本書作成においては最終校閲、時代考証、車輛来歴などの確認などをお願いしたほか、この本の巻末の諸元表作成に相当の知力を発揮している。朝日新聞の世界の鉄道でも諸元表まとめの主要メンバーであった。現在、鉄道友の会理事(業務担当)を務める。

佐竹雅之（さたけまさゆき）
慶應義塾大学理工学部応化2007年卒、150分の1スケールのNゲージでおもに地方私鉄の鉄道模型を作成している。最近では3Dプリンタを駆使して、市販されていない車両の作成にも挑戦。鉄道車両史に詳しく、第4号からサポートメンバーに加わってもらった。原稿の第一校閲者のほか、時代確認、コラムの一部、地域鉄道位置図面の作成も担当してもらった。

【写真。資料などをご提供いただいた方々(50音順)】
J. Wally Higgins(名古屋レール・アーカイブス所蔵)、浅野修、今井啓輔、上野巌、内田隆夫、梅村正明、大賀寿郎、大野真一、大幡哲海、荻原二郎、荻原俊夫、梶山止文、亀井秀夫、木村和男、木村右史、後藤文男、齋藤晃、佐竹雅之　佐野嘉春、沢内一晃、清水武、清水敏史、志村総司、白土貞夫、隅田衷、関田克孝、高橋慎一郎、竹中泰彦、田尻弘行、田中慎吾　田中義人、寺田裕一、登山昭彦、西川和夫、蜂谷あす美、服部朗宏、林 嶢、日比政昭、村松功、矢崎康雄、矢放幸一、山本忠雄、

【乗乗車券など提供と解説】
堀川正弘

【絵葉書提供と解説】
白戸貞夫、関田克孝

昭和30年代～50年代の地方私鉄を歩く 第17巻
北陸の電車たち(3)
福井県の私鉄

2023年7月7日　第1刷発行

編・著者………………髙井薫平
発行人…………………高山和彦
発行所…………………株式会社フォト・パブリッシング
〒161-0032　東京都新宿区中落合2-12-26
TEL.03-6914-0121 FAX.03-5955-8101
発売元…………………株式会社メディアパル（共同出版者・流通責任者）
〒162-8710　東京都新宿区東五軒町 6-24
TEL.03-5261-1171 FAX.03-3235-4645
デザイン・DTP ………柏倉栄治(装丁・本文とも)
印刷所…………………長野印刷商工株式会社

ISBN978-4-8021-3385-2 C0026

本書の内容についてのお問い合わせは、上記の発行元（フォト・パブリッシング）編集部宛ての
Eメール（henshuubu@photo-pub.co.jp）または郵送・ファックスによる書面にてお願いいたします。